品牌时尚化

中国老字号的传承与创新

BRAND FASHION

THE INHERITANCE AND INNOVATION OF CHINESE TIME-HONORED BRANDS

田超杰　张会锋 / 著

社会科学文献出版社
SOCIAL SCIENCES ACADEMIC PRESS (CHINA)

前 言

　　凭借世代传承的独特产品和精湛技艺,历史上的老字号品牌往往是时尚和创新的代名词,成为几代甚至十几代人心中不可磨灭的印记。然而随着现代工业文明的发展,尤其是新技术革命的演进,承载着厚重传统文化的老字号因何落伍、远离时尚了呢?符号学为我们提供了这样的解释:时尚是一种漂浮的、没有所指的能指,是无法颠覆的颠覆,它只有象征意义,象征本身就是内容,科技进步以及消费主义的盛行激发了这种符号特性,从而使老字号偏重功能、功用或实用的传统经营理念发生改变。然而这一颇具时代中心主义的解释并不完善,因为从前科学时代走来的西方老字号面临同样挑战,但为何诸如香奈儿、迪奥、LV等许多老字号依然能够引领时尚、散发迷人的魅力呢?显然这种近乎李约瑟之诘的问题不是纯粹当下的、单一维度的管理问题。因此,本书基于演化理论和比较研究方法,通过考察管理学、艺术学、心理学、社会学、生物学等关于时尚的多学科互动,以期诠释并解决我国老字号时尚化的机理和路径问题。

　　本书聚焦以下问题:①现代时尚演化出了哪些新特质,我国老字号与时尚的特有逻辑冲突是什么;②老字号应该如何传承和创新,其仪式感等应该如何共同演化才能弥合与现代时尚的断层,并在新起点上接入时尚化路径；③老字号应如何进行创新来锻造品牌韧性从而长期演绎时尚；④基于繁荣民族文化的目标，企业和政府双重视角下如何促进老字号的高质量发展。

为了解决上述问题，本书主要进行了以下内容的研究。

第一，梳理老字号时尚化的相关理论文献，对老字号时尚化面临的逻辑困境进行剖析。

第二，通过梳理时尚品牌文献，归纳出时尚品牌的内涵和表现形式。选取成功引领潮流的中西方老品牌，对比分析这些品牌的时尚表现差异。

第三，采用扎根理论等质性研究方法，通过文献梳理和问卷调研，利用因子分析得出时尚的核心表征（简约）和外围表征（炫酷）。

第四，基于共生理论和新起点心态理论，阐释老字号在传承中存在着的新起点心态，即"老"中孕育着"新"，并且通过问卷调研，验证品牌传承对新起点心态的影响效应和路径。

第五，从消费者社会互动和心理互动的视角对老字号时尚化路径进行剖析。具体包括对消费者与品牌情绪、时尚表征、品牌性别和品牌行为互动视角下的老字号时尚化机理进行探析，并且进一步从品牌韧性视角对老字号时尚化路径进行锻造。

第六，采用模糊集定性比较分析法对老字号企业的创新模式进行了分析。

第七，从企业和政府管理者的视角为老字号提出了微观和宏观的发展建议。

本书得出以下有价值的研究结论。①老字号的传承与创新"悖论"是一个伪命题，二者可以辩证地共存于同一品牌中。②现代时尚的生产基于科学和大工业版图，我国老字号的知识传统却是即兴的、内隐的，是经验性的、地方性的，以技艺而非科学为根本的认识活动。引入正念管理有助于老字号放松上述长期锚定的运行惯性，培养好奇、开放的心智模式，更好地接纳与协调科学理性、艺术性和女性智慧，消除与现代时尚的逻辑冲突。③时尚的商业表征具有二元性：在生物和细胞学意义上，代表大方、精致、简洁等的核心表征"简约"象征高分化的、成熟稳定的性别气质与个性，即成人模式；代表绚丽、张扬、刺激等的外围表征"炫酷"则象征低分化的、易变的中性气质与个性，即儿童模式。④时尚的二元性调和了老字号的传承—创新困境：一方面传承可以发挥历史性为老字号累积的强大核心表征以赢得时尚和品牌至爱、实现消费者的价值共享和融入；另一方面传承能够微妙地促进消费者的新起点心态，反过来激活老字号尘封的儿童模式，使其焕发时尚的外围表征和品牌至爱。⑤老字号与消费者的仪式化互动能够进一步实现其时尚表征，而仪式化互动又可以直接或间接地通过消费者考虑集、消费者情感能量提升消费者的幸福感。至此，老字号的"传承—创新—气质性别—时尚—品牌至爱—仪式感—消费者幸福感"共生关系形成。⑥提高品牌韧性有助于老字号时尚共生关系长期良性演化，有三种实现路径：以开放为导向的探索创新型路径、以价值观为导向的专业创新型路径以及开放和价值观双元导向的"博物馆"型路径。⑦老字号企业创新发展有四种模式：注重企业传承的技艺创新模式、适合大型企业集团的技术创新模式、资产收益率较低的理念创新模式、适宜小微企业的市场创新模式。老字号企业应根据自身特点，采取围绕传承产品进行创新、追求核心技术的创新突破、更新发展理念、开拓新的利基市场等发展模式。

本书的研究内容和结论揭示了老字号时尚化的机理和路径，探究和解决了老字号品牌传承与时尚化创新的悖论问题，丰富和拓展了老字号品牌管理的理论研究，也为老字号企业的健康稳定发展提供了实践参照。另外，本书从文化涵化与文化融合的视角对老字号时尚化进行研究，也体现了东西方文化融合的创新。

在本书写作过程中，郝程伟在第四章的写作和数据调研中、刘镜在第五章的写作中、朱子慧在第八章的写作和数据调研中，以及常英、王晓天、王亚在多个章节的写作和数据调研中均做出了主要贡献，在此一并感谢！还要感谢王亚博士的最后校对。

本书得到了国家社科基金的支持；在写作过程中，有关学者也对本书提出了许多宝贵的意见与建议，在此表示衷心的感谢！

尽管我们付出了很大的努力，但由于水平有限，书中不可避免存在许多不足，欢迎批评指正，也欢迎相关领域的学者对一些问题进行深入交流。

田超杰

2023 年 1 月

第一章

绪论

　　老字号承载着优秀的中华民族传统文化，有着深厚的历史文化底蕴，历经数百年的变迁发展，是传承和创新结合的产物。新时代进一步挖掘老字号的品牌内涵，弘扬老字号的工匠精神和创新实践，不但能够使老字号保持活性，也是实施品牌强国战略的主题。本书采用方差分析、回归分析、结构方程模型和定性比较分析等方法探讨了老字号品牌时尚化的影响因素，基于社会表征、正念理论、共生理论和仪式理论等阐释了老字号时尚化的实现路径，拓宽了现有的老字号研究视野，为老字号品牌的创新发展提供了理论依据。本章首先介绍了研究的现实背景，进而引出需要解决的理论研究和实践管理问题；其次，梳理研究的主要内容，介绍相应的研究方法；最后，阐述研究意义和主要创新。

第一节　研究背景与问题

一　研究背景

　　老字号是指历史悠久，拥有世代传承的产品、技艺或服务，具有鲜明的中华民族传统文化背景和深厚的文化底蕴，获得社会广泛认同，形成良好信誉的品牌。老字号所传承的独特产品、精湛技艺和经营理念，具有不可估量的品牌价值、经济价值和文化价值。老字号承载着优秀的中华民族文化，是国家文化软实力的重要组成部分，历经数百年变迁发展，有着深厚的历史文化底蕴，既是中国的宝贵遗产，也是现代中国的特色品牌。然而，据中央电视台的《品牌中国》栏目调研，老字号常被赋予长袍马褂、四轮马车等时代落伍者的刻板印象。这表明中国老字号绝大多数已经处于品牌老化状态，迫切需要通过品牌活化、品牌复兴或者品牌重塑等创新行为来激活品牌（何佳讯等，2007）。为了振兴老字号，商务部和各地政府都推出了老字号认证，希望通过政策支持来扶植老字号的发展。2017年，商务部等16部门更是联合发布了《商务部等16部门关于促进老字号改革创新发展的指导意见》，从总体要求、重点任务、保障措施等方面为促进老字号发展做出了一系列战略部署。在新时代，进一步挖掘老字号传统技艺和品牌内涵，弘扬老字号创新实践及工匠精神，扩大中国品牌影响力，满足人民对美好生活的向往，不只是老字号品牌企业保持活性的目标，更是中华老字号坚守匠心精神的主题。只有兼容并包、与时俱进，以创新重塑品牌，我们才能振兴老字号，为实施品牌强国战略添砖加瓦。

老字号不仅需要品牌创新，还要对传统的技艺、文化进行传承（Stephen et al.，2003），因此如何平衡传承和创新是老字号的焦点问题。徐伟等（2015）的研究表明，老字号的配方、原料和产地才是老字号的客观真实传承，而在工艺、文化及心理感受等方面只是建构的真实。何佳讯等（2007）认为创新和怀旧因面对的消费群体不同而不同，年轻群体侧重于创新变化，老年群体则倾向于怀旧。但是，也有研究表明，单纯的怀旧和品牌重塑都是不够的，复兴的品牌必须具有现代性的重新定位（Müller et al.，2013；Bellman，2005）。品牌具有现代性的体现就是品牌时尚化，但是时尚对"新"的追求和老字号对"老"的传承之间似乎具有天然的不相容。现有关于老字号的时尚化创新研究也主要集中在老字号的复古时尚创新方面，认为可以通过对老品牌的复古意义重现，推出新的功能（Stephen et al., 2003）。也有研究指出老品牌之所以老化，是因为款式、设计、颜色不再时尚，需要创新才能品牌复兴（Lehu, 2004）。但这些研究没有对此进行进一步的探讨。

尽管老字号成功时尚化的案例并不少见，但对于老字号时尚化问题的研究还非常薄弱。虽然有学者指出老字号（品牌）可以通过复古或怀旧进行时尚创新来活化品牌，也有研究认为可以使不再时尚的款式、颜色重新时尚来进行品牌复兴，但这些只是观点性的描述和建议，没有就老字号品牌时尚化的条件、机理、路径进行系统而深入的探讨。老字号时尚化的关键是平衡老字号的"老"和时尚的"新"。能否在保持中华文化精神传递的同时，通过品牌创新，使中国的老字号既保有传统文化的经典元素，又具有鲜明的时尚元素，使中国老字号集体复兴呢？梳理相关社会学、心理学理论，利用社会表征理论解决这一问题具有可行性。社会表征理论是当前国际社会心理学的一个新的理论与研究范式，它主要从社会文化层面探讨人们对各种现实问题的社会共识，以及这种社会共识对人们日常行为的内在规范作用（Moscovici, 2001）。社会表征是在特定时空背景下的社会成员所共享的观念、意象、社会知识和社会共识，是一种具有社会意义的符号或系统（Wagner et al., 1999）。老字号和时尚就属于不同的社会表征。社会表征结构由核心因素（基耦）和外围因素两部分组成：核心因素主要是由社会群体认可的、具有相对稳定性的意义符号；外围因素介于现实世界和核心因素之间，可以调节核心因素和现实世界之间的差异，具有相对的流变性。这两部分的相互作用使事物具体化，决定着社会表征的变化与创新。社会表征是一个动态互动过程，包括锚定和具化。锚定是负责整合原有知识与意义并将其变成新系统的过程。具化则是将各种元素形成社会框架，如规范、价值、行为等，在沟通压力下形成并组织在表征元素中。它使人们那些模糊和抽象的观念变得具体（Moscovici，1988）。从上述理论回顾可以看出，老字号时尚化是一个有待研究且具有较大解决可能性的新问题。

另外，以往关于老字号创新的研究在方法论方面也需要拓展。现有研究多采用案例分析、结构方程模型、回归分析等方法。这些方法能够很好地分析因素的独立影响作用和对称性问题，但无法处理多路径和非对称性问题。此外，以往关于老字号与创新方面的辩证研究多注重语言表述、外观图案的表层渲染，基于认识论的深度和广度分析还有待加强。鉴于此，本书引入定性比较分析法来解决非对称性问题，采用认识论深度剖析老字号时尚化的机理。

二 研究问题

从上述分析可以看出，老字号在保持文化传承的基础上成为具有鲜明时代色彩的品牌不失为一个重要的发展方向。本书的老字号时尚化问题研究，旨在通过对老字号时尚化的机理、路径研究以及衍生问题进行分析，解决老字号时尚化所面临的问题。具体研究问题如下。

（1）梳理老字号时尚化的相关理论文献，对老字号时尚化面临的逻辑困境进行剖析。

（2）通过梳理时尚品牌文献，归纳出时尚品牌的内涵和表现形式。选取成功引领潮流的中西方老品牌，对比分析这些品牌的时尚表现差异。

（3）采用扎根理论等质性研究方法，通过文献梳理和问卷调研，利用因子分析得出时尚的核心表征（简约）和外围表征（炫酷）。

（4）基于共生理论和新起点心态理论，阐释老字号在传承中存在着的新起点心态，即"老"中孕育着"新"，并且通过问卷调研，验证品牌传承对新起点心态的影响效应和路径。

（5）从消费者社会互动和心理互动的视角对老字号时尚化路径进行剖析。具体包括对消费者与品牌情绪、时尚表征、品牌性别和品牌行为互动视角下的老字号时尚化机理进行探析，并且进一步从品牌韧性视角对老字号时尚化路径进行锻造。

（6）采用模糊集定性比较分析法对老字号企业的创新模式进行分析。

（7）从企业和政府管理者的视角，为老字号提出微观和宏观的发展建议。

第二节　研究内容与方法

一　研究内容

本书研究的是中国老字号时尚化的机理、实现路径以及相关对策建议。围绕这一主线，本书系统开展了以下主要研究。

1. 老字号时尚化的可行性研究

由于老字号被认为存在着传承与创新的悖论，因此本书需要先论证老字号与创新可以共存，且老字号可以通过时尚化进行创新。通过实际案例佐证老品牌时尚化的成功实践。梳理时尚品牌文献，归纳时尚品牌的内涵和表现形式。选取成功引领潮流的中西方老品牌，对比分析这些品牌的时尚表现差异。运用共生理论和新起点心态理论，阐释老字号在传承中存在着的新起点心态，即"老"中孕育着"新"。通过问卷调研，验证品牌传承对新起点心态的影响效应和路径，为整个研究奠定基础。

2.时尚品牌和老字号表征与内涵问题研究

由于时尚表现的易变性，我们需要对时尚品牌的社会表征进行研究。采用扎根理论等质性研究方法进行文献梳理和问卷调研，利用因子分析得出了时尚的简约表征和炫酷表征，并利用结构方程模型分析了时尚表征对消费者融入时尚潮流的影响效应和路径。运用荣格"原型梦"的验证方法，进一步分析时尚品牌和老字号品牌的内涵，发现时尚品牌与老字号品牌有原型性，且原型性显示出稳定的强作用机制。老字号时尚性低于新品牌，主因在于其较弱的中性气质。这为品牌时尚管理提供了一个性别视角。

3.老字号的创新路径研究

以具有中华老字号概念的上市企业为研究对象，采用模糊集定性比较分析法（fsQCA）对老字号企业的创新路径进行分析，发现老字号产品是企业创新的基础，传承是老字号创新的必要条件。老字号创新模式包括注重企业传承的技艺创新模式、适合大型企业集团的技术创新模式、资产收益率较低的理念创新模式和适宜小微企业的市场创新模式四种类型。本书进一步研究了老字号的品牌韧性，发现原产地联结在所有高韧性条件组合中发挥着重要作用；有三种路径能够实现品牌的高韧性，包括以开放为导向的探索创新型路径、以价值观为导向的专业创新型路径、开放和价值观双元导向的"博物馆"型路径。研究也发现了四种导致非高品牌韧性的路径，其中价值观的缺失或涣散起着主要作用，尤以缺乏开放性却又试图创新的路径具有代表性。

4.老字号时尚化路径以及终极价值研究

我国老字号因何多与时尚无缘？依据前面的研究结果，引入艺术和性别变量，采用人文和技术的后现代性复合视野进行检视，发现时尚与艺术合谋并且向女性化转向，以感性方式反抗现代性的弊端和异化；儒家实用理性传统为老字号驱逐了艺术性、女性和科学理性，发展出"男性化直觉"的认识论，从而与时尚偏离，其技术的即兴、内隐不仅围造了地方性藩篱，还抑制了多元化和品牌延伸。采用全聚德、谢馥春、百雀羚三家老字号案例对此进行了验证，引入组织正念理论，认为其开放、好奇、接纳的认识论可以帮助老字号建构统合感，消解性别、艺术、科学之区隔，这是由于"儒释道"中"释"和"道"成分的增加，其也与后现代性和时尚共振。幸福感是消费的终极价值。老字号品牌仪式是老字号品牌文化传承的方式之一。本书通过问卷调查，研究了老字号品牌仪式对消费者幸福感的影响。在参与老字号品牌仪式的过程中，消费者能够感受到文化的传承与魅力，这种仪式能够提高消费者的情感体验，促进消费者认同，形成品牌幸福感。

5.老字号的发展策略研究

本书从企业和政府管理者的视角，为老字号的发展提出了微观和宏观的发展建议。从企业发展看，老字号在进行品牌营销及品牌形象塑造时，既要在产品原有形象的基础上增加新的时尚创新元素，也要保留老字号品牌的经典款式，唤起消费者的怀旧情怀。老字号企业应该着力塑造消费者的新起点心态感知，将企业的品牌优势与新生代消费者的需求不断结合，优化产品的功能，结合符号、标识等引导消费者对品牌的喜爱，从而促进老字号企业的可持续发展。

老字号企业在维系老字号品牌原产地联结和价值观的基础上，应侧重时尚表征的开发和建构，尤其是简约表征的建设，以提高产品或品牌的共享价值；还应坚持技术创新，现代科学可以复制、超越和再造传统技术，让传统技术焕发青春。老字号企业应巩固甚至重建原产地联结，保持高品牌韧性。老字号企业应积极构建、宣传自己具有传统文化属性的品牌仪式，充分挖掘消费者的民族自信，使消费者在参与老字号品牌仪式的过程中，内心深处的愉悦由个人愉悦升级为国家幸福感，对品牌形成品牌忠诚甚至品牌崇拜。从宏观管理的视角，针对目前老字号企业普遍存在的"小、慢、老、断、弱"五大问题，政府管理部门应从提升老字号头雁企业的品牌竞争力、提升老字号企业的现代化管理能力、提升老字号企业的传承与创新能力、提升老字号企业的人才培养能力、增强老字号品牌的产业链拉动力等方面进行政策引导和制度建设。

二 研究方法

（1）文献归纳法。对老字号品牌、时尚品牌、幸福感、品牌仪式、品牌传承、品牌创新等相关文献进行收集、整理，从文献综述中提出本书的研究目的、研究框架，以及归纳阐释老字号时尚化的理论合理性和机理路径。

（2）理论演绎法。运用哲学的辩证思维和中华传统文化的阴阳思维分析老字号传承与创新的问题；采用荣格的"原型梦"研究方法分析老字号品牌和时尚品牌的原型性问题；采用理论演绎分析时尚、艺术和性别的关系问题。

（3）模糊集定性比较分析法。考虑到老字号创新是多种因素的组合作用，影响并不都是均衡和对称的，老字号创新也可以存在多个路径组合，本书采用了以布尔代数和集合论为基础的定性比较分析法（QCA）。QCA方法探究前因条件组合如何引致被解释结果出现可观测的变化或不连续现象（Fiss，2007），包括清晰集、多值集和模糊集分析三种技术。模糊集的变量范围是连续的，因此本书采用模糊集定性比较分析法将各变量数据转化为模糊隶属分数，构建影响老字号创新和品牌韧性的路径组合。

（4）统计分析法。运用定量分析方法对样本、路径以及影响权重进行分析。具体包括：利用描述性统计分析品牌样本和消费者样本的分布状况，表明调研样本的代表性；利用探索性因子分析和验证性因子分析提取时尚表征因子，以及检验研究中变量的信度和效度；利用多元线性回归和结构方程模型计算品牌传承、品牌仪式、新起点心态以及品牌幸福感等的影响效应，确定影响因素的主次和平衡。

（5）其他质性研究方法。本书在时尚表征的因子分析中还采用扎根理论、民族志和现象学分析方法；在老字号传承与时尚共存现象和老字号时尚化路径研究中还采用案例分析的方法，以佐证定量分析结果。

第三节 研究意义及创新

一 研究意义

老字号创新一直是老字号品牌研究的热点问题，但传承与创新的悖论也一直困扰着人们对老字号创新问题的研究。本书基于共性理论和案例分析论证了老字号的品牌传承与时尚特性可以共存，基于社会表征理论、消费者融入理论、品牌仪式理论和幸福感理论，构建了从品牌传承到消费者融入的路径，阐释了从老字号品牌到时尚的理论构想，从微观和宏观角度提出了管理启示和政策建议，对老字号企业的长远发展具有理论和实践意义。

（一）理论意义

（1）从理论和实践层面论证了老字号传承与时尚创新的共存现象，为解决老字号传承与创新的悖论提供了新的视野。现有研究往往过于关注老字号品牌传承与创新的矛盾性，忽略了二者的共存现象，并未关注二者的辩证统一。本书对老字号传承与创新共存的论证为研究者打开了新的视野。

（2）对时尚表征和内涵的界定深化了对时尚的理论研究。现有对时尚的描述多以符合潮流、时髦等非确定性用语进行表述，较为笼统和不够精确。本书通过扎根理论、因子分析提取的时尚表征因子能够较为明确地表征时尚的特性，是对时尚研究的细化和拓展。

（3）构建了老字号创新的路径，揭示了老字号能够长期传承和发展的机理。老字号能够实现数百年传承，必然有其合理性。老字号的长期传承和发展不是单一因素作用的结果，而是多种因素综合作用的结果。相较于以往研究，本书利用定性比较分析法构建了老字号的创新路径和长期发展路径。这在理论上和方法上都拓展了老字号的创新研究。

（4）在理论上阐释了老字号时尚化的路径和机理。从文化涵化与文化融合的角度，对作为东西方文化载体的老字号品牌和时尚品牌的融合进行了论证。东西方文化能够融合发展，老字号的传承与创新能够相互促进。本书基于对老字号品牌时尚化路径的理论阐释和案例分析，指出了老字号的发展方向，拓展了现有的理论研究。

（二）实践意义

（1）老字号可以在保持传承的基础上进行时尚化创新。老字号品牌的传承与时尚创新并不是对立关系，二者可以辩证统一。老字号可以根据市场现状，在保持传承的基础上融入时尚内涵，展示时尚表征，塑造老字号新时代的核心价值，推动老字号的创新发展。

（2）根据老字号的自身特点和发展环境选择不同的创新路径组合。老字号的发展环境和特性并不完全一致，创新发展的路径也有不同的组合，因此应根据不同的特点选择创新路径。

（3）老字号的创新发展是一个长期的问题。老字号的创新不是一蹴而就的，现在的"新"可能变为将来的"旧"。因此老字号只有保持长期的创新特性，不断创新发展，才能保持品牌韧性。

二　主要创新

本书的主要创新有以下方面。

（1）基于时尚创新的角度研究老字号。老字号传承至今，其核心是品牌承载的中国传统文化；时尚品牌的理论多基于西方文化。因此人们通常认为二者之间存在着理论边界。本书基于文化涵化与文化融合视角对二者进行研究，是东西方文化融合的创新研究体现。

（2）引入社会表征和幸福感理论等社会学和心理学理论对老字号进行研究，是对老字号研究的思路创新和理念拓展。以往老字号研究多局限在原料正宗、技艺传承以及原产地等微观方面，从社会表征和幸福感等社会学、心理学的流行理论视角对其进行的研究尚未开展。本书运用社会表征、幸福感等对老字号创新路径和终极价值进行探索，丰富了现有关于老字号的研究。

　　（3）多种研究方法的组合使用。本书运用扎根理论、定性比较分析、案例分析、结构方程模型、多元回归分析、因子分析等多种理论和方法对老字号时尚化的可行性、路径、表征、品牌韧性进行研究，避免了单个理论或方法对非对称性、多重并发的因果问题进行研究的局限。

第二章

概念界定与理论基础

第一节　品牌传承与创新

一　品牌传承

　　品牌传承（brand heritage）又叫品牌遗产，是世代传承的某种事物（Nuryanti，1996）通过向消费者传递一致的品牌形象维系品牌的不变性（Keller，1993）。Urde等（2007）认为品牌遗产是品牌身份的一个维度，包括品牌的历史业绩、寿命、核心价值、象征符号以及有助于识别品牌身份的历史信念。品牌的历史业绩是指已经证明的品牌收益、公司已经实现的品牌价值和承诺，因此积累的信誉和信任通常也是品牌传承的一部分。随着时间的推移，人们认识到并期望公司将继续履行这些承诺，所以寿命反映了公司良好的业绩和历史发展状况，它代表了永恒的质量，传递了品牌值得信任的形象（Wetlaufer and Arnault，2001）。核心价值是品牌传承的核心，它的延续性和一致性构成了企业战略的基础。长期持有的核心价值在对外沟通中作为承诺或契约的基础，在对内沟通中作为引导公司行动的信条。当核心价值作为信条发挥作用时，品牌努力践行的核心价值就成为品牌标识的组成部分，并随着时间的推移成为品牌的遗产。象征符号不仅能够识别它所代表的品牌，而且标志着它所代表的理念和意义，能够引发消费者的积极联想。历史信念是品牌不可或缺的组成部分，对于品牌识别很重要，影响着企业今天的经营方式，也影响着企业未来的选择。

　　因此，品牌传承是品牌识别的一个维度，存在于品牌的历史业绩、寿命、核心价值、象征符号以及历史信念中（Urde et al.，2007），并且传承不仅包含过去，也包含现在和未来（Wiedmann et al.，2011；Wuestefeld et al.，2012）。品牌传承对消费者购买意愿有正向影响，特别是对于那些不太关注促销的人影响更大。品牌传承也会激发积极的情感，使消费者产生信任，促进其品牌依恋和承诺（Rose et al.，2015）。

老字号品牌传承包括文化传承和工艺传承两个方面。文化传承是对老字号文化价值观的传递和承接，具有文化自觉性，对消费者产生的影响主要基于消费者对品牌文化的认同（Fazli-Salehi et al.，2020；He et al.，2015；Giuseppe et al.，2019；刘英为等，2020；Susan et al.，2019）。工艺传承体现了老字号品牌工艺技术的传递和承接，主要强调品牌的独占性和不可替代性（王海忠等，2012），旨在促进消费者对特殊工艺的信赖进而影响其品牌态度。文化因素和工艺因素皆能够影响消费者对品牌知名度、美誉度的感知（王成荣等，2014），进而改善消费者对品牌的态度（王德胜等，2021）。关于时尚品牌传承，Boccardi等（2016）通过对古驰、菲拉格慕、路易威登（Lous Vuitton）和史蒂芬劳·尼治（Stefano Ricci）四个意大利奢侈时尚品牌的研究，指出老字号的时尚品牌通过品牌传承和真实性进行品牌定位，通过品牌故事和品牌传奇把品牌传承从过去传递到现在和未来，并由此克服品牌固化，使老品牌保持时尚特性。

二　品牌创新

品牌创新是企业面对市场变化，为了使品牌更好满足消费者需要而进行的适应市场的改变，以此来提高品牌的核心竞争力。它可以从三个方面来进行。一是创造或改进产品，使其更具差异化和吸引力。在这种情况下，创新可以通过品牌或子品牌产品及其功能、成分或服务来实现。二是创建一个新的子类别来改变客户正在购买的产品。三是影响组织或企业品牌在创新方面的观念，以使创新受到尊重，得到支持，具有活力，使创新产品更可信（Aaker，2007）。组织学习、市场导向和国际化是企业品牌创新的影响因素，而品牌的持续创新度越高，品牌信任度、品牌忠诚度，及企业的市场绩效也越好（Nguyen et al.，2016；Gözükara and Çolakoğlu，2016）。

　　老字号的品牌创新大致分为三个方面。一是品牌识别下的创新。品牌的视觉形象能够使消费者得到较为直观的感知，进而影响消费者的深层认知，因此有研究认为老字号创新的关键是品牌识别要素的创新。对品牌识别要素的单个或多个维度的重新设计，能有效改变老字号的形象（Tsai et al.，2015；尉建文、黄莉，2016）。二是品牌传播下的创新。由于老字号的时代烙印和历史文化内涵，复古设计、怀旧传播等方式很容易唤起消费者的怀旧情感，影响消费者的品牌态度和购买行为（Pascal et al.，2002；Brown et al.，2003）。三是品牌传承下的创新。老字号往往是品牌和产品的结合，因此老字号不仅需要品牌创新，还要对传统的技艺、文化进行传承（Brown et al.，2003），传承和创新如何平衡也是老字号研究的焦点。徐伟等（2015）指出，老字号的配方、原料和产地才是老字号的客观真实传承，而在工艺、文化及心理感受等方面的传承只是建构的真实。何佳讯等（2007）认为创新和怀旧因所面对消费群体的不同而不同，年轻群体侧重于创新和变化，老年群体则倾向于怀旧。但是，也有研究表明，单纯的怀旧和品牌重塑都是不够的，复兴的品牌必须具有现代性的重新定位（Müller et al.，2013；Bellman，2005）。

三　品牌韧性

"韧性"的物理学含义多指物体受外力作用而变形后的回弹和性能恢复的性质。在生态学、心理学领域，韧性反映系统吸收破坏和变化并持续演进的能力，以及个体应对逆境的一种积极认知和行为能力。随着商业环境的变化，"韧性"开始进入管理学特别是组织管理学的研究视野，比如成员韧性被视为组织的一种软实力和有价值的心理资源（Wang et al.，2014）；组织韧性是组织承受变化和高度压力时较少犯错的能力，是识别、适应和化解环境中的可变因素、突发事件以及无序状态的能力（Hollnagel et al.，2006），这种能力可以让组织更有效地利用资源、恢复平衡并持续发展。韧性还是创业成功的必要条件。有研究以品牌为载体来研究商业组织的韧性。品牌对商业组织意义重大，有时还能超越组织，即使组织的成员更迭、所有权或控制权变换，乃至组织消亡，品牌依然可能存在，穿越时代并复活整个组织。就像可口可乐公司总裁所说的：即使厂房被大火烧光，只要品牌还在，一夜之间它会让所有的厂房重新拔地而起。所以，拥有一个强大的品牌，几乎就是拥有了一张韧性名片。更重要的是，关乎品牌的信息大多是公开的，是公司乐于向外界表达和传播的，也因而是能够长期流传的。当然，品牌也经常是昙花一现的，故传统营销文献中一般用脆性来表达品牌的另一面。清华大学的赵占波首次在理论上提出了品牌韧性这一概念，认为品牌韧性是一种深层次的品牌忠诚度，反映了消费者与品牌关系的长期性、不易变更性、黏着性（赵占波，2005）。由于直觉上品牌的当下表现更受重视，目前这一理论尚停留在概念层面。但一切当下都将成为历史，品牌的当下特性也根植于历史，而品牌韧性正是品牌的历史回溯和前瞻。

第二节　时尚表征与内涵

一　社会表征

社会表征是在特定时空背景下的社会成员所共享的观念、意象、社会知识和社会共识，是一种具有社会意义的符号或系统（Wagner et al.，1999）。老字号和时尚就属于不同的社会表征。社会表征结构由核心因素（基耦）和外围因素两部分组成：核心因素主要是由社会群体认可的、具有相对稳定性的意义符号；外围因素介于现实世界和核心因素之间，可以调节核心因素和现实世界之间的差异，具有相对的流变性。这两部分的相互作用使事物具体化，决定着社会表征的变化与创新。社会表征是一个动态互动过程，该过程包括锚定和具化。锚定是负责整合原有知识与意义并将其变成新系统的过程。具化则是将各种元素形成社会框架，如规范、价值、行为等，在沟通压力下组织到表征元素中。它使人们那些模糊和抽象的观念变得具体（Moscovici，1988）。

二　时尚表征

时尚是一种符号象征，它包含具有象征意义的文化体系，这种体系使时尚追求者能够区别于其他人，具有社会认同的功效。消费者对时尚的追求，就是对时尚认同感、归属感等符号意义的追求。还有观点认为，时尚是文化意义的物质再现或行为表现，文化意义的背后是社会文化观念的潮流体现，这些蕴含社会文化观念的潮流会逐步渗透到社会的发展进程中，进一步改变社会群体的价值观念

（Wolny et al.，2013）。时尚的流行是一个渐进的社会发展过程，但时尚现象和时尚行为常常通过产品形式来体现。时尚产品通过商业宣传和市场推广，使以时尚产品为依托的时尚风格逐渐被消费者接受。时尚之所以能够流行或者被消费者认同是因为它能够给消费者带来感觉美观、唤起情绪、认知新奇等综合体验，这也是时尚不同于一般意义的流行的原因（Miller et al.，1993）。流行是一种追随社会或消费潮流的羊群效应，是个体对群体的跟随。而时尚是个性的张扬和表达，是个体得到群体认同的反映，是一种引领和创新。从这些研究可以看出，作为具有高度表现力的产品，时尚产品的象征意义比它的功能价值更重要（Veryzer，1995；Choi and kim，2016）。

第三节　文化涵化、融合与共生

"涵化"指的是"由个体所组成的而具有不同文化的民族间发生持续的直接接触，从而导致一方或双方原有文化形式发生变迁的现象"（Herskovits，1937）。文化涵化作为文化变迁的一种主要形式，是指两种或两种以上的不同文化在接触过程中，相互采借、接受对方文化特质，从而使文化相似性不断增加的过程与结果（李安民，1988）。《简明文化人类学词典》指出文化涵化的前提是"文化接触"。通过一段时间的相互影响，文化涵化可以使接触的双方都发生一定的变化。其结果一般包括接受、适应和文化抗拒。由于文化交流与接触的形式多种多样，文化涵化是一个相当长的复杂过程。涵化有借入、增添、代换、混合、创新、抗拒等多种形式。其中，借入是一种重要的形式和因素，这种借入通常是双向的，每一方都会通过借入另一方的文化因素使自己的文化产生某些变化（郑威，2006）。由此可见，涵化并不是被动地吸收，而是一个文化接受的过程，更是一个文化融合的过程（舒畅，2015）。在跨文化交际学中，文化融合是指不同文化之间相互接触、碰撞然后融合的一种过程。文化具有历时性和共时性两重特征。从其历时性角度看，文化随着社会的发展而发展；从共时性角度看，各种文化之间相互影响、相互渗透。文化是一个开放的体系，不同文化之间相互影响，促进了本土文化与异域文化之间的融合。文化融合经历了接触、撞击和筛选、整合多个阶段（赵速梅、时曼丽，2013）。老字号承载的民族文化与代表现代的时尚文化也会在时代发展的环境中经过接触、撞击和筛选、整合，最终被老字号所涵化。

根据文化的共时性特点，老字号对时尚文化的涵化和融合是老字号借入、增添、代换、混合、创新、筛选、整合了时尚文化，二者是共存的。按照马古利斯（Margulis and Ren，1991）所提出的共生理论，生命不是消极被动地去适应外部环境，而是主动地形成和改造它们的环境，并与周围新的生物群体融合共生。共生不仅是一种生物现象，也是一种社会现象。学者认为，人与人、自然与自然以及人与自然之间存在一种相互依存、和谐、统一的命运关系，品牌与品牌、文化与旅游等都存在着共生现象（黄苏萍等，2020；熊海峰、祁吟墨，2020）。本书以共生理论为基础，认为在品牌传承与品牌至爱的关系之中，消费者的怀旧情怀与新起点心态共同起作用，即老字号的传承与时尚创新存在共存现象。

第三章

老字号时尚化的逻辑困境

老字号因何多与时尚无缘？从艺术和性别的角度，并将其置于人文和技术的后现代性复合视野进行检视，我们发现：时尚与艺术合谋并且转向女性化，以感性方式反抗现代性的弊端和异化；儒家实用理性传统为老字号驱逐了艺术性、女性和科学理性，发展出"男性化直觉"的认识论，从而使其与时尚偏离。本书利用全聚德、谢馥春、百雀羚三家老字号案例对此进行了验证。本书还引入组织正念理论，认为其开放、好奇、接纳的认识论可以帮助老字号建构统合感，消解性别、艺术、科学之区隔。"儒释道"中"释"和"道"成分的增加也与后现代性和时尚形成了共振。

第一节　研究背景与问题提出

香奈儿、迪奥、LV等不仅代表着时尚和奢侈，而且都是地道的百年老字号，而我国老字号大多缺乏时尚感，落伍衰退已是不争的事实。仅以中华老字号为例，从中华人民共和国成立初期的16000家锐减到目前的1129家，这一现象近年来引起政府及学界的重视。表3-1为截至2018年7月25日在知网检索到的相关研究（检索条件为"主题"）。

表3-1　主题检索结果（截至2018年7月25日）

文献分类	"老字号"并含"时尚"	"老字号"并含"传承"	"老字号"不含"时尚"	"老字号"
哲学与人文科学	5	92	961	965
经济与管理科学	122	411	10294	10392
全部类别	133	514	12092	12200

资料来源：笔者自制。下同。

检索出的文献特征如下：①经管学科来源的文献数量远超哲学与人文科学类文献；②直面老字号时尚化的研究不足；③对老字号传承的关注度超过了对其时尚化的关注度。

这不难解释。时尚的概念宽泛、感性，不仅可从服饰泛化到建筑、家居乃至所有物品，还可以是生活方式、社会思潮、格调氛围等，长期以来属于哲学、社会学等的研究范畴，随着时尚越来越多地融入商业实践，经管学科虽非传统研究主流却后来居上。另外，尽管经验事实上老字号大多缺乏时尚感，情感上其承载的传统却必须要延续，这一认识尤其可能阻滞哲学与人文科学对老字号时尚化进行研究，比之"时尚"，该领域更关心"传承"，这一现象同样存在于经管研究领域。而且，梳理122份含"老字号"及"时尚"的经管类文献后发现，这些文献基本源自报纸或行业刊物，以案例、报道等现象级研究为主，这表明老字号的时尚化研究在经管学科内也还是比较边缘的（卡方检验表明上述差异均有统计意义）。

这提示了以复合视角研究老字号时尚化的意义，它既是商业组织管理、城市管理、社会经济问题，又是人文、哲学问题。这促使我们在后现代性语境中综合考量，因为尽管其概念含混不清、充满争议，但我们当下生活的很多方面确已逸入后现代性图景，特别如消费主义、去中心化、差异化、碎片化等特征日盛。其实，国家层面提出的"美好生活""普通人最伟大"的主张，以及近年来不断提高的创意产业战略地位，都标示着后现代性的现实演进。由此以更宽泛的视野，我们才能超越诸如"策划、创意、设计"的时尚管理操作层面，探寻老字号时尚化的基本调整策略。

第二节　时尚与艺术的后现代性姻缘

嫁接艺术提升时尚感早已成为商界惯常做法。例如：LV位于香榭丽舍大道的旗舰店里时有主题艺术展，更像一家艺术馆；达衣岩的每款产品都有着诗一般的美丽名字；好利来则是起步于艺术蛋糕……时尚与艺术的合谋不是偶然，它们有着内在亲和性。首先，二者都诉诸美或审美，无论是时尚的"滴落"论、身份认同论还是品位互动论，都和艺术一样围绕着美，而随着美的含义不断发生变化和扩展——从模仿似真到虚构、抽象，从和谐、静观到趣味、哲理，两者的交集也就更多、更亲近。其次，它们都以感性为基础，艺术创作有很大的非逻辑、无意识、自由嬉戏成分，其鉴赏有很强的主观、心理因素，意义也主要体现为精神、情感或隐喻而非实际功用，时尚同样如此。最后，用符号论术语来说两者都是一种"漂浮的能指"，与科学本就存在规律不同，时尚和艺术都是从无到有的创造，较少是进化或进步的、累积性的，它不寻找普遍唯一答案，它只是变化的，差异化、风格化的，去所指化的，这种趋异走向会导致直觉功能裂变，为时尚符号的建构提供近乎无限的来源（王列生，2014）。

历史上艺术和时尚的跨界并不罕见。后现代性的演进使得这种跨界程度空前。科技和发达工业社会主导的现代性以科学理性驱逐人文理性，致力于构建标准、统一和恒久的宏大系统。但这并不容易实现，因为科技所引发的问题与不确定性不比它消除的少。于是，在宏大体系的构建及坍塌中，在个体与社会间稳定纽带的断裂中，人一方面被其创造物所控制并异化，一方面转而抵制和反抗。后现代性思潮就是这种抵制和反抗的体现，虽然它的解构意义大于创建意义因而逐渐失宠，但其重返精神家园的诉求无疑是建设性的，所以学术上的式微不影响后现代性景观的现实发展：人们拒绝刻板、严肃和千篇一律，借助游戏化、体验化、片段化的感性方式来调和现代化的规训、紧迫和孤寂，以确证与建构自我。这正是消费主义和时尚的温床，也是重拾前现代的"非理性"——"祛魅"后的"重入幻境"，而如果排除宗教，前现代的主流就是艺术，实际上后现代性主义正发端于艺术。马尔库塞就提出要在艺术中寻找革命原则和价值，以艺术替代科学理性和道德普遍性。这当然是另一种乌托邦和极端，不过按照古德曼的理论，艺术和生活经常逆反，生活中的负面情绪经艺术表达往往就成了肯定性的，因而艺术就有了调理、治疗或改变认知的功能（古德曼，1990），这与时尚的心理慰藉和建构功能不谋而合。而且后现代性艺术并非要回到古典的善和美，而是反对现代主义的"艺术至上"和"去情感化"，主张微观小型的个体化、边缘化叙事模式以及平面化的游戏精神，追求非连续性、不确定性、随意性、隐喻性、虚构性的创作理念，消解文化上的精英主义，推崇大众文化的娱乐狂欢（宋一苇，2006）。它成为异化了的人反抗异化的武器，促使大众生活审美化即时尚的崛起。

由此可以得出结论一：后现代性背景下，艺术与时尚比以往更加亲密。

第三节　中国老字号的艺术之痒

艺术与时尚的联姻在我国语境下则有不同。首先，我们未有西方那种文艺复兴阶段，艺术成为席卷全社会的持续浪潮，从业者身份由手艺师傅跃升为艺术家和人文学者；其次，我们也未经历那样广博与浓烈的启蒙阶段，在科学之外，统摄文化、艺术的现代化发展；最后，西方那种制度化、神圣化的宗教及贵族阶层在我们的传统社会中并不显著，甚至在黑暗时代里，此二者也都为艺术提供了许多经济土壤，比如贵族阶层往往把资助艺术家作为一种上流社会风尚，远者如美第奇家族，近者如维特根斯坦、古根海姆等著名艺术赞助人。西方对于艺术的社会受众规模及艺术观念向日常生活的转换渗透，提供了较东方远为优越的制度条件，而无论是西周"礼乐制度"还是汉代以后兴起的"乐府制度"，都缺乏起码的社会开放性和艺术民主价值取向，朴素和原生态的民间艺术始终在制度的压迫下自生自灭（王列生，2014）。简而言之，艺术在我们日常生活中的普及程度要低于西方。当然，就艺术本身而言，我们与西方并无高下之分，我们缺少的不是艺术巨匠，而是些许具有艺术范儿和拥有艺术技能的普罗大众，以及用艺术点缀生活的寻常小情怀。不同的历史路径使得我们在和西方面临同样的现代性弊端时，有着不太一样的转向，当西方回望前现代的艺术和信仰时，我们却少"魅"可返，所以，无论是现代、后现代性，抑或当代艺术，我们相当程度上在追随西方，流行周期和影响力都有不及，这些导致我们的商业在用艺术装扮时尚时力不从心。以波普艺术为例，欧美品牌商与艺术家合作创造了许多时尚和流行，经他们之手，俗物便有了文艺气息。沃霍尔、利希滕斯坦、村上隆等都曾为时尚贡献过设计和创意，值得一提的是"绝对伏特加"，自Warhol开始，先后与300多位艺术家合作，赋予品牌浓郁的艺术气息，使这一源自瑞典小镇的烈酒品牌迅速跻身国际顶级时尚阵营。反观我国波普艺术，虽先后出现王广义、任戬、倪卫华等代表艺术家，但其影响基本限于艺术圈，商业结合度不高。

考察时尚奢侈品第一强国——法国更能说明艺术对时尚的影响。17世纪，欧洲艺术中心由意大利转至法国，不但诗歌和文学，绘画和其他视觉艺术也在法国日趋繁荣，这些远比意大利的集中和连贯。1648年皇家绘画与雕塑学院成立，随后大量艺术学院包括音乐、舞蹈和建筑学院成立，艺术体系日渐成熟。同样，法国也是启蒙运动的中心，文化艺术迅速突破古典框架，占据现代和后现代性艺术的中心位置。因此，几百年来法国始终走在世界时尚、奢侈产业的最前沿。相比之下，我们至少在艺术教育方面存在落差。艺术家沈其斌认为："中国当代艺术目前最大的问题是普及的问题、教育的问题。"按照王尔德"自然模仿艺术"的观点来看，是艺术让我们更懂得怎样鉴赏自然、热爱自然（朱狄，2007），艺术教育的滞后会影响审美进而影响时尚的发展。

中西艺术文化本身的差异影响着老字号的时尚化。西方古典艺术用黑格尔的话说是"静穆的哀伤"，是动态意识的静态化，象征冲动、生命的酒神精神为象征理性、秩序的日神精神所遏，是二元对立下的张力与"哀伤"，主流写实；中国传统艺术反映了我国农业文明特有的善和美，是静态意识的动态化，道家的"静"和儒家的"动"，不同于生发为科学理性的阿波罗精神，居统治地位的儒家理性限于生活伦常，是保守的实用理性，与科学和现代性的发达及其弊端、异化关系不大，道家精神也有别于酒神精神，它是人融入自然的虚静，虽居从属地位，但与儒家精神并无尖锐对立，因而艺术表现为"温柔敦厚"（邓晓芒，2010），以写意为主。但是，在浪漫主义、感性、自由上，道家文化与酒神精神和后现代性主义均有交集，因此，如果说西方后现代性主义是冲开科学理性回溯酒神精神（丁有有，2013），是二元对立中的激烈释放的话，那我们可能只是在继续儒家主流地位的同时温和回顾道家、佛家精神或者转望西方，儒家文化愈强之处其现代性及后现代性转向也就愈含混。这就解释了为什么后现代性思潮和艺术在西方的影响要比我们激进和深远，也解释了我国老字号的时尚化问题：老字号是儒家文化的典型载体和延续，这在其命名中大抵已体现出来，"德""仁""泰""和""聚""堂""义"等常用字眼明显蕴含着儒家精神，和对新兴企业的影响比，儒家文化对老字号影响更强，其科学性和现代性相对较弱，演绎出后现代性的动力自然也就更小，可以说同时游离于现代性和后现代性之外。相反，新兴企业家可能更易于接受道家或佛学思想，如李嘉诚、马云、张朝阳、冯仑、史玉柱、曹德旺、王小川等都与道家或佛家思想接触较密，目前商界颇为流行的冥想、禅修或辟谷就是明证。也许这在一定程度上解释了本土新兴企业和品牌的时尚性，它们较少受儒家传统拘束，更易实践"与时迁移、应物变化、无可无不可"的道家哲学。

更重要的是，在儒家思想强烈影响下，老字号的品牌诉求和价值主张往往围绕"正宗""祖制""童叟无欺""古法古方""实在厚道""传统工艺""用料扎实""纯手工"等的伦理道德和实用理性，这固然要继承，却与时尚及其艺术联姻有悖，因为它重在功用、情理，关注生产或产品本身，即写实。时尚及艺术联姻驱逐了思辨理性和科学性，老字号则边缘化了非实体性的艺术，尤其是以写意为主的传统艺术。写实手法在消费主义和后现代性符号化语境下是不够的，生产虽然在继续，但要追求形式各异、相互区别的符号。时尚是最典型的符号，它随意，无关道德、无所指涉，唯一目标就是通过强烈体验来表现自我。而且，自现代艺术起，艺术就逐渐卸去了道德和传统的不可承受之重，跳出真实与和谐，转向分化与抽象，甚至如加塞特所说的风格化、去人性化（加塞特，2010），到了后现代性阶段则在重拾人性化、反功能性的同时，推崇事件性、偶发性、符号性、流行性。总之无论是象牙塔还是大众化，艺术都愈来愈淡化传统美，而与时尚珠联璧合，对此东西方并无二致。而且，我国现代及当代艺术主要因袭西方，与传统艺术之间存在断层和跳转，于是，面对时尚及艺术联姻的娱乐抽象、虚构拼贴，以秉承传统为己任的老字号难免感到茫然失措，要在品牌塑造中引入艺术元素并非易事。

20世纪末以来儒家文化受到更多重视和发掘，一些研究者认为它与西方后现代性主义有同工之妙，甚至能剪除现代性弊病，"天人合一"或许可以避免人类在危险的道路上越走越远（卜松山，1994）。但这只是一种理论探讨和道德呼吁，况且即便如此也不能证明儒家文化和时尚的相容性。相反，因为时尚及其艺术跨界不仅是抗争现代性弊端的手段，而且在一定程度上是现代性弊端的内生产物和自发演化，而儒家精神如果能消解现代性的弊端，也就等于消解了时尚的根源。而且，所谓儒家之后现代性乃前科学时代之后现代性，与当下之后现代性并不等同。

由此可以得出结论二：老字号儒家实用理性传统与后现代性及其背景下的符号化时尚和艺术相偏离。

第四节 时尚的女性气质转向

狭义上时尚与服饰密切相关，回顾服饰的时尚史有助于解读时尚的性别演变。在西方，直到18世纪，两性服装还差别不大，装饰性都很强，上流社会大量采用蕾丝、天鹅绒、丝绸假发等饰物，粉色丝绸套装镶嵌金银丝就是纯正男装，人的地位越高服装就越华丽。19世纪末，服装性别差异产生，资产阶级男性推崇简单、素净、深色的服装特别是裤装，效用、纪律和可靠性取代了"漂亮"以象征权力和支配地位（高秀明，2015）。装饰的清除使得男装缺乏变化性和表现力，反之女性的装束和外表则能暗示男主人的地位和经济实力，于是时尚开始女性化发展，女性服饰在色彩、款式、面料上的变化远超男性，并周期性变化，成为时尚代名词。后工业时代具体说是20世纪60年代以来，男装也转向女性时尚并充满想象力，色彩款式不断丰富，男性也使用香水、面膜，以及耳环、手链之类的精美饰品，仪容越来越精致；女装也有男性化的趋势，牛仔装、军装、猎装、夹克、光头、越野车成为女性展现魅力的时尚（王昕，2010）。不过二者并不完全对等：女性可穿任何男性化服装，男性则不然，一些专属女性的服装男性仍不可穿着，如裙装、高跟鞋，似乎男性时尚的女性化发展是削弱其男性特征的，女性却不同，短发、裤装、腰带、衬衫和靴子从未削弱女性特征（高秀明，2015）。总的趋势看，在以上方面我们和西方差别不大。

因此，时尚对性别的解构动摇了男性的传统理性和秩序化身，折射出女性特征的激增，女装的女性化和男性化、男装的女性化都是一种时尚，如图3-1，都在强化感性成分。

女装	时尚	时尚
男装	传统、秩序、理性	时尚
	男性化	女性化

图3-1　性别与服装时尚组合

资料来源：笔者自制。下同。

　　两性之间的分化和对立被削弱。女性柔弱、温情、多愁善感，男性独立、坚强、理智的传统刻板形象被淡化，代之以更微妙和琐碎的差别。这比19世纪末时尚的女性化转向更有意义，因为这不再只是男性注视下的女性表演，更是女性注视下的男性表演，是后现代性背景下女性气质真正受到青睐的表演。女性的特权之一就是审美的自由，通过身体外形、风格等的变化来展示和想象所有美的可能性，这种女性想象解放了可能性，因为它推翻、搅乱了理性统治的世界中受尊重的功能合理性秩序（内格林，2011）。时尚由过去局限于某些人特别是女性，扩展到所有人，时尚本身成为性感的表达，身体不过是时尚的载体，所以，鲍德里亚①说"整个社会开始女性化了"（王晓升，2013）。

　　时尚的女性化转向不是偶然，后工业时代，当可以标举男性特质的传统"硬性"产业，如钢铁工业等风光不再时，性别危机自然愈演愈烈（陆扬，2012）。"宅、萌、暖、酷"成为男性时尚，李银河表示："小鲜肉"说明男人也可以被作为观赏对象，这是很大的进步。以日本为例，第一代青春偶像是石原裕次郎，浓眉大眼、表情坚毅；20世纪80年代，是冷峻的高仓健；之后渐趋女性化，兼具美貌细腻和果决理性，如木村拓哉，1996年他作为男性首次代言佳丽宝口红，两个月口红卖出了300万支。同样，20世纪80年代在《小

---

① 鲍德里亚，又译"波德里亚"，书中根据不同的文献来源，采用不同的译名。

花》中"奶油"扮相的唐国强则可称为我国"小鲜肉"的始祖了。四方田犬彦（2011）用"可爱"一词表达了类似概念。女性可爱气质能吸引人们暂避现实、沉醉于幻想和私密性世界，这和武侠小说里男主往往相貌俊美且武艺高强道理一样。虽然传统思维斥之以"娘炮"并口诛笔伐，但只要稍加回顾现代经济增长史，就不难看出时尚的女性化转向是与现代经济增长同步并交织在一起的。

由此可以得出结论三：后现代性背景下，时尚开始女性化演变并调整传统秩序。

第五节　老字号的"性别失衡"

东西方均存在性别不平等现象。由于儒家文化本质上是现实主义的人学，家国同构，追求和谐与稳定，故重点关注男女社会属性差异，而非生理差异，但西方则不同，在包括生理的所有方面贬低女性，所以，传统上中国女性地位要高于西方。张祥龙（2002）认为，东西方性别不平等程度的差异源自哲学传统的差异：中国传统主流哲学是一元的，追求相生共济、阴阳平衡，对女性的态度多重、可塑；西方主流哲学二元对立，从分化角度看世界，"男/女""一/多""精神/肉体""善/恶""理性/感性"等对子的左边总高于右边，因而是无性别的。如果把对子右侧都广延为女性的，那就是全面歧视女性，并且难以调和。但也正因为如此，进入现代性阶段后，西方女权运动之激烈程度和普遍性远超我们，女性自我意识的觉醒及商业融入要早于、高于我们，并同步于时尚的女性转向。而虽然女权主义20世纪初就传入中国，却一直是民族解放运动的附属品，并未被广泛传播，改革开放后才得到进一步发展。2017年《全球性别差距报告》显示：西欧国家在排名的前20位中占11席，我国则排名第100位（2016年为第99位），其中，我国女性在公司董事会级别中的人数占比仅为9.4%；女性无报酬工作时间占比高达44.6%，而男性为18.9%。可以看出，为我国一元哲学传统所调和的所谓相对温和的性别不平等，在现代和后现代性阶段反而要重于西方了。

性别问题对中国老字号影响尤甚。因为"传承"是第一要务，儒家"重男轻女"的思想难免隐约其中。比如，"男外女内"基本将女性排除在经营之外，而"传男（子）不传女、传内不传外"更是许多老字号的家训和经营策略，比如有着200多年历史的老边饺子，历代掌门人为了保密都是把绝活传子不传妻、传男不传女，并且每天闭店等伙计走光后才亲自配馅；云南乌铜走银第六代传承人的两个女儿至今都未能得到父亲的真传等，这样代代相传之后，老字号的品牌气质必然会越来越男性化，渗入并固化到经营惯例和细节之中，不会因公私合营、改制而轻易消失。对此，我们依然借鉴张祥龙的观点：无性别的哲学要追求终极实在，必然要通过逻辑、数学、实证的方式来认识世界，知识是可编撰、标准化、体系化的；有性别的哲学因应时机转化、延续，本能地以技艺而非科学作为最根本的认知活动，知识是即兴、内隐的，手把手传授的，所以知识产权体系很难在儒家背景下发展起来，"传子不传女"是内生替代品，是保护技术诀窍乃至安身立命的必然策略。当然，这种做法如今已无多大意义并被逐渐放弃，但相应的历史尘霾并没有彻底散尽，走进老字号店铺，通常的直观体验就是"硬""冷"：设施古旧，色调厚暗，环境清洁度一般，服务热情不高，大有"酒香不怕巷子深"之意，从业者往往年龄偏大，互动无趣，娱乐和体验营销意识匮乏。这种单调古板、略带傲慢的做派分明就是传统男权和实用理性的遗风。品牌命名再一次反映了老字号的男性特征：以商务部首批认定的434家老字号为例，将近1/4老字号由人名命名，无论是类似于"张记、李记"还是"张小泉、王致和、白敬宇"，都少与女性有关，剩下3/4的命名基本是反映儒家文化的褒义字词。这里我们借用晚清学者朱彭寿基于商号常见字写的一首诗来分析："顺裕兴隆瑞永昌，元亨万利复丰祥。泰和茂盛同乾德，谦吉公仁协鼎光。聚益中通全信义，久恒大美庆安康。新春正合生成广，润发洪源厚福长"，不难看出，除"美""春""润"三个字外，其余几乎都具有明显的男性色彩。研究发现，西方品牌命名趋中性化，语音更重要，汉语名称则重在语义（吴水龙等，2010）。换言之，汉语中消费者更关注品牌的文字含义，从而老字号命名偏男性化这一历史现象就有了更深层含义。

由此可以得出结论四：哲学传统决定了老字号品牌的男性气质和即兴、内隐的技术特点。

有意思的是，老字号大多喜欢以悠久的历史为卖点或传播诉求，或热衷于非遗认定、各种"老"字头认证或奖项，缘由自不待言，问题是这会不断固化其单一的、男性化的历史形象，结果可能适得其反。

第一，社会风气已由崇尚古色古香转向追求时尚，即便怀旧也不是去拷贝历史，相反，怀旧只是一种审美修辞，是缺乏真正历史感的，它只是偶发、跳跃、感性地遥观和回味历史。

第二，技术的即兴、内隐和男性化的世代相传在一定程度上确实能排斥模仿，为老字号历史性地确立合法地位与声望，但又决定了其技术和产品的低稳定性（失传屡有发生）与低进步性，导致老字号大多是紧缩的、地方的，以地方特产自居，形成顽固的消费者认知——"本地的才是正宗货"和经营假设——地方性差异和社会认同是自然、原始、不变的。这种地方性和历史性往往具象到依附于一个街景、一群老街坊，甚至一棵古树，非常脆弱，极易沦为城市化浪潮的牺牲品，并且一旦脱离当地空间营造便魅力全无。典型如全聚德，这家招牌性的京味老字号上市公司，扩展到外地市场后却因水土不服而举步维艰。另外，科技和现代性使得提供高性价比的替代品轻而易举，而于不断变化中追求片刻永恒以确证自我的后现代性和时尚则日渐降低品牌忠诚度，流动性消解了时间、历史和地方空间，新式企业可以穿越时间片段迅速在各地进行高效投资（成伯清，2006），固守地方与历史者将会结构性落伍，被流动的、快速复制的新技术、新产品、新模式替代。由此角度看，代际秘传、孜孜守护所谓祖传"绝活""秘方""老汤"等不可模仿的行为有画地为牢之虞，因为它束缚了流动和技术进步。

第三，后现代性品类和符号创造僭越了现代性物品生产，多样性和差异性成为营销秘诀，品牌个性与原型不断多元、分化。消费者更喜欢接近自我意象的品牌，而不是笼统的历史感，如当王老吉提炼并传播"怕上火"这一意象而非悠久历史时，展现强大活力。所以，品牌形象依附于历史和地方正宗的老字号会落入现代性力量制造后现代性时尚的窠臼。

由此可以得出结论五：即兴、内隐的技术特点和男性化气质使老字号困于笼统的地方性，会被不断分化的时尚所替代。

第六节　案例研究

老字号多未上市，且以微小企业居多，资料获取及其公允性难以保证，而一些行业如制药业又难以和时尚相关联，所以本章选择餐饮老字号全聚德（主板）和化妆品老字号谢馥春（新三板）、百雀羚进行比较研究。具体如表3-2。

表3-2　全聚德、谢馥春、百雀羚老字号时尚化案例比较

	全聚德	谢馥春	百雀羚
技术与研发	2017年研发费56万元，营收占比0.03%。改用电炉烤制。传统师徒模式尚存。品质、细节不稳定，不易复制扩张	2016年、2017年研发团队仅9人，研发费用未单列，无专利。2018年半年报单列研发费用7万元，营收占比0.22%	研发中心为汉方本草研究所，国际化妆品化学家学会联盟（IFSCC）中国首家金牌会员（研发费不详）
一体化和地方性	孙公司全聚德金星养殖有限责任公司提供原料鸭。风味偏肥、油，地方性强	当地景区附近直营和加盟专卖店居多。地方性强	无自营实体店。无地方性
艺术和性别气质	大型鸭体，仅售整只。传统中式店面，餐厅环境、器皿、菜品创意一般。额外加收服务费。国有控股	强调传统工艺。香味浓重、包装富贵。传统男性视角下温婉柔弱的古典女性美。国有控股	注重品牌定位，多品牌，个性鲜明。大量运用艺术元素和创意。年轻独立、随性的新女性美。实际控制人为个人，非家族传承
2017年营收	18.6亿元	6500万元	177亿元

资料来源：笔者根据全聚德、谢馥春上市公司年报，百雀羚网络公开资料等整理。

全聚德、谢馥春与百雀羚分别在正反两方面印证了本书观点。可以清晰地看到，后现代性、时尚是现代性的孪生或衍生物，并非凭空而来，老字号只有转变传统认知，同时推进现代性和后现代性，才能时尚化。此外，三家老字号均早已不是创始人传承家族在经营，民营性质的百雀羚明显更具时尚性，国有控股的全聚德和谢馥春保留更多传统烙印，这提示了治理结构对企业认知模式、经营战略、时尚性的潜在影响。

第七节　逻辑重构与管理建议

一　逻辑重构

哲学传统为老字号隔离了艺术性、符号性、女性和科学性，使其形成写实的、男性的、经验的、地方性的认识论，从而在现代时尚面前败下阵来。那么怎样整合上述逻辑冲突才能转变、更新传统经营哲学呢？在此，我们引入组织正念理论。正念（也称专念、全意识等）融合了东方禅宗、道家思想与西方心理学、神经科学理论，是东西文化的结合典范，早期应用于个人身心疗愈，代表人物如一行禅师、卡巴金、Langer等。从字面看，正念即"正在发生的念头"，一个较具操作性的定义为，正念是"将注意力从觉察到的不由自主的内心活动转移到当前的体验或经验，并对此当下经验保持好奇、开放和接纳的态度"，正念的核心机制在于瓦解长期形成的顽固的"我"，放下"我执"，转而开放与接纳。Weick较早地将正念引入组织理论中，提出诸如"建构感知""语言影响行动""必要的多样复杂性"等独特观点。许多公司已经在运用正念管理方法进行组织管理：谷歌、通用磨坊、麦肯锡等众多知名公司，都在管理中融入正念。比如谷歌有一个长达7周、每年4次的内部课程叫作"搜寻内在的自己"，几千名员工由此学习正念。正念训练不仅带来开放性，还具有统合作用，能整合传统身心二元论、认知与情感、自我与他人，减少歧视、偏见和矛盾。这不仅在实践中，还在大量脑神经研究中得到证实，如MRI（磁共振成像）显示冥想者大脑感知自我和他人边界的相关活动大幅度下降，更易感受统合感和整体连接感。正念对老字号有特别意义，因为以调节主体间关系为目的的儒家实用理性和人际理性传统将不再具有统治性从而使组织更加开放，更乐于接纳科学理性、艺术性、符号性和女性气质，更易于融合道家、佛家和西方智慧，整合看似具有矛盾冲突的观念和认识论。

正念训练有去自动化效应。我们的许多技能在反复练习、熟练掌握后，技能各部分之间的界限会逐渐模糊并从意识中淡出，最终我们只是自动、流畅、高效率地在做，即"潜念"，而完全不再考虑自己究竟是如何做到的、为何这么做、有无更好方法。Langer举了一个有趣的例子来说明这一点：有位女士每次在把肉放进罐子里做焖肉前，总要先切下来一小块，当被问及为何这么做时，她想了想说因为自己的母亲就是这样做的，出于好奇她给母亲打了电话，母亲说"因为你外婆就是这么做的"，当她最后求证于外婆时，终于得到了答案，"因为那时我的罐子太小，必须要切掉一些"。正念让我们的注意力集中于当下所做之事，像刚开始学习开车、写字一样专注，保持好奇心和开放性，从而更容易提出新问题、发现新答案，这对老字号有重大意义，因为相比新企业，老字号无疑有着更多、更顽固的运行惯性或常规，自动化效应或潜念更强大，许多传统技术、工艺、组织和管理手段早已落伍，却还一直在自动地、想当然地运行着，身在其中者为之所蒙蔽，看不到存在的问题和新的答案。导入正念管理，则可以激发对传统做法的质疑和促使改进，以正念调和潜念，可同时推进效果和效率、协同开发式创新与探索式创新，意义非凡。

时尚和消费主义有很强的当下性、碎片性，追求所谓"当下经典"。如果企业盲目、无度追随潮流和时尚，必然会迷失在变化之中，而正念既强调当下、注重保持开放性和警醒性，又通过消除自动化效应降低行为和思维的盲从和惯性，从而驱动老字号实现真正时尚和创新，而不是在潮流中胡乱模仿、迷失自我。

二 以现代性实现后现代性和时尚化

学习往往是嵌套的，一个层级的学习会代替或减弱另一层级的学习，尤其是较低层级的适应容易掩盖较高层级的问题（马奇，2010）。老字号即兴、内隐的技术特点决定了其运营具有较高的可变成本和弹性，一定范围内便于调整如营业时间、季节性、产量、产品个性等以适应市场，但相应减轻了战略调整压力，即为了取得更大范围的适应性而进入新地域、新行业，赢得年轻顾客，产品换代，技术更新，商业模式转型等的压力。这再次提示，技术的即兴、内隐及伴生的排他性，成为老字号的经营悖论，对它的呵护阻碍了寻找新的、更好的技术、产品或模式，使老字号困守原地。

更重要的是，如前所述，即兴、内隐的技术及管理还预示了低稳定性，而要稳定品质、突出特色并防止技术诀窍泄露，就只能尽量坚持排他性。在核心环节之外，在用料、用具、配件以及销售等多个环节上也都尽量亲力亲为，前店后厂，最终形成中国老字号独特的一体化发展格局：它是轻资产的，也是小规模的，所以是"细而长"的，缺乏系统的专业分工，难以实现规模经济和复制扩张。而且，企业长期重度涉身于一个行业，积累了高昂的沉没成本（包括时间和情感），以及较高的资产专用性（主要是人力），这反过来又固化了一体化行为，从而限制了多样化探索的资金和欲望（郑星、张荣齐，2010），所以我国老字号往往很少做品牌延伸，品牌形象高度刚性，转型困难，陷入"船小难掉"的怪圈。

因而，无论是技艺本身还是经营理念，老字号都应放下"绝活、历史、本地正宗"的执念，摆脱"手感、眼力、亲力亲为"的传统技艺及管理，转向现代性的科技化、标准化和制度化，抽身出来做战略性转变，进而推动后现代性的时尚艺术和符号演绎，运营也易于控制、复制，跳出地方性藩篱。虽有研究指出，标准化或流程式管理利于开发式创新而抑制探索式创新（Benner and Tushman，2003），但多数老字号目前的科技化、标准化和制度化远未达到此等程度，换言之，现代性还未充分展开，所谓抑制探索式创新几不足虑。

三　统合自我，发展组织正念

艺术和性别气质更多的是一种自我意象或认识论。其中自我不光指老字号传承人，还包括组织文化和惯例等，需要自我转化而不只是进行口号、形象方面的表层渲染。

长期的实用理性及其道德观为老字号驱逐了科学理性、艺术和女性，因而可用"男性化直觉"来表达中国老字号的认识论，这里的直觉是感觉、领悟、经验、隐喻。老字号如何统合性别、艺术、科学理性和实用理性，以转化、更新"男性化直觉"的认识论呢？

在此，我们引入组织正念理论。正念（也称专念、全意识等）融合了东方禅宗、道家思想与西方心理学、神经科学理论，是东西方文化的结合典范，早期应用于个人身心疗愈，代表人物如一行禅师、卡巴金、Langer等。字面看，正念即"正在发生的念头"，一个较具操作性的定义为，正念是"将注意力从觉察到的不由自主的内心活动转移到当前的体验或经验，并对此当下经验保持好奇、开放和接纳的态度"（段文杰，2014），正念的核心机制在于瓦解我们脑海中那个永无休止的声音——长期形成的顽固的"我"，放下"我执"，转而开放与接纳。Weick较早地将正念引入组织理论中，提出诸如"建构感知""语言影响行动""小赢积大胜""必要的多样复杂性""拒绝简化"等独特观点（鲍勇剑，2016）。许多公司已经运用正念管理方法，如谷歌、通用磨坊、孟山都、麦肯锡等众多知名公司，都在管理中融入正念。比如谷歌有一个长达7周、每年4次的内部课程叫作"搜寻内在的自己"，几千名员工由此学习正念。

Langer认为正念训练具有统合作用，能整合传统身心二元论、认知与情感、自我与他人，减少歧视、偏见和矛盾（兰格，2012），这不仅在实践中，还在大量脑神经研究中得到证实，如MRI显示冥想者大脑感知自我和他人边界的相关活动大幅度下降，更易感受统合感和整体连接感。我们可以把统合感看成"儒释道"中"释"和"道"成分的增加，滕守尧将这种认识论称为全息性认识，认为它颇具道家色彩，超越了男和女、理性和感性的对立与差异（滕守尧，1994）。这显然对老字号有特别意义，因为以调节主体间关系为目的的儒家实用理性和人际理性将不再具有统治性从而使组织更加开放，乐于接纳科学理性、艺术性和女性气质。有观点认为，苹果公司的核心能力在于感性智慧，把技术变成艺术，让产品成为作品。乔布斯说过，他的设计团队是一群"音乐家、诗人、艺术家、动物学家和历史学家，碰巧也是最棒的计算机科学家"，乔布斯信奉佛教，也许这并非碰巧。此外，正念有去自动化效应：我们的许多行为只是凭直觉、下意识在做，完全不用考虑自己究竟是如何做到的、为何这么做、有无更好方法（即Langer所谓"潜念"）。正念则让我们的注意力集中于当下所做之事，像刚开始学习开车、写字一样专注，保持好奇心和开放性，更容易提出新问题、发现新答案，这同样对老字号意义重大，因为其有着更多、更顽固的运行惯性或常规，自动化效应或潜念更强大，以正念调和潜念，二者或并行或交错展开，将会促进探索式创新与开发式创新的协同，意义非凡。

基于历史和现实阻隔，一些老字号很难再转化自我，被市场淘汰是自然规律，从进化角度看，政府直接施以援手只是饮鸩止渴。相反，政府应在商业环境、基础设施中注入更多艺术人文元素，构建多重、多元的商业生态，而不是整齐划一、大刀阔斧地进行现代性拆迁，以及高度时空压缩下急剧城市化，有组织地创造雅各布斯所说的激发创新和灵感的偶遇，因为一个地区人文、风貌上的多种多样才能促成商业上的丰富多彩（雅各布斯，2005），形成戏剧化的、相互感染的时尚氛围，从而推动老字号的气质转变。至此，本章用图3-2勾画理路。

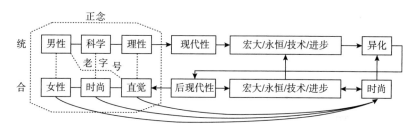

图3-2 老字号时尚化路径

第八节 结语

一 本章贡献

时尚合流艺术不算新观点，但本章将其置于后现代性背景下，分析了时尚、艺术、老字号的互动关系。另外，引入性别观点，对时尚、性别、技术的演变与互动进行讨论。从表面看，艺术、性别气质和技术特点局限着老字号的时尚化，根源却在于儒家文化及其实用理性传统。于是，本章引入组织正念理论进行统合。

二　不足与展望

本章主要依赖规范分析，缺乏实证性，未来还须研究尝试。另外，个体正念研究虽已摆脱玄学并实现科学化发展，但组织正念研究还在初级阶段，许多问题有待深入探究。比如，组织层面如何进行正念操作，个人正念如何同部门、组织正念相协调，正念和潜念怎样协同，等等。

第四章

中外老字号品牌比较

本书选取老字号品牌回力，国际运动时尚品牌耐克、阿迪达斯以及国产运动时尚品牌李宁和安踏五个代表性品牌，从"潮流""美观""新奇""怀旧"四个维度，采用均值分析、方差分析等方法对这些品牌的差异进行了对比分析。分析结果表明，尽管回力品牌通过复古时尚取得了不错的销售业绩，但是与耐克、李宁等品牌相比，在潮流、美观、新奇和怀旧等方面还有差距。回力品牌要想实现进一步发展，就必须加大产品时尚创新力度，增加产品的时尚元素。

第一节　冲出困境，老字号路在何方？

老字号品牌是指在历史上创建的带有强烈中国特色的民族品牌。但是，受改革开放后国外品牌涌入中国市场，以及经济、政治、社会等多种因素的影响，老字号品牌日益没落。据调查，中华人民共和国成立初期全国中华老字号企业大约有16000家，涉及食品、餐饮、医药、零售、烟酒、服装等行业。到1993年经国家商业主管部门评定的中华老字号只有1600多家，仅相当于中华人民共和国成立初期老字号总数的10%。2000年商务部在国内各行业再次认定中华老字号时仅余43家，剩余的老字号中也仅有10%经营状况良好（张莹、孙明贵，2010；徐伟等，2015）。

老字号品牌承载着几代人的美好回忆，质量有口皆碑。大多数仅仅是因为外观设计或者经营理念落后而被市场淘汰。在国家推进中国品牌建设的大环境下，老字号品牌能否借助目前复古时尚的潮流实现复兴呢？本章通过对品牌内涵和时尚理论的回顾，提取关键的时尚维度，进一步选取运动品牌为代表，分析国内老字号品牌和国外时尚品牌及国内流行品牌在时尚维度上的差异，找出老字号品牌的不足和差距，期望为老字号品牌的复兴提供发展路径和启示。

第二节　怀旧是一种永恒的时尚

一　品牌内涵

品牌是一种识别标志、一种精神象征、一种价值理念，是品质优异的核心体现。有学者认为，"品牌是企业和消费者的关系纽带，起作用的是消费者反馈的信息及企业做出的反应"，"品牌是消费者与产品之间的关系联结"（周志民，2015）。甚至有学者指出建立品牌与消费者的关系是创建品牌的目标（Tsai et al.，2015）。一个品牌包含了消费者与企业和产品互动后积累而成的全部感受，包括对品牌相关知识的认知、对品牌的情感和对品牌的行为意向。

老字号品牌作为具有强烈中国特色的民族品牌，拥有较高的知名度和良好的口碑，常被称为"国货精品"（王秋月，2010）。它的品牌内涵就是本身具有的厚重的历史色彩和浓重的民族特色。这些也得到了消费者的认同和肯定。

二　时尚

学者从不同的角度对时尚进行了定义。有学者认为，"时尚是一种包含一定文化意义的思想观念和社会思潮，可以表现为一种物质样式、一种行为方式，这些社会思潮或行为方式在渗透到社会的过程中，能够不断改变人们的价值判断标准"（Reynolds，1968）。

有学者认为，"所谓时尚就是指一时崇尚的方式，社会成员通过对所崇尚事物的追求，获得一种心理上的满足"（林秉贤、张克荣，2003）。总之，时尚是在特定时期和社会文化背景下流传较广的一种生活习惯、行为模式和文化理念，是在一段时期内流行的生活方式和生活态度。

从品牌体验的角度来看，时尚之所以能够流行或被追逐，是因为它能够给消费者带来感觉美观、唤起情绪、认知新奇、行为前卫的综合体验感受，这是与一般的流行相区别的关键所在。因此，基于消费者体验，可将时尚定义为具有感觉美观、唤起情绪、认知新奇、行为前卫的综合感受的流行，它以产品品牌为载体，能够平衡群体归属和个性表达，是社会认同与自我认同的统一（田超杰，2012）。

20世纪60年代，巴黎先锋派提出了"复古时尚"这一概念，复古时尚充满了对昔日风格的借鉴。复古时尚的产品带有历史文化气息，将历史融入时尚和潮流的怀旧叙事之中，给予人们一种熟悉的安全感，带动了人们购买复古产品的热情（宋雷雷、史亚娟，2016）。复古时尚不仅带有符合时代潮流的时尚元素，还能够带给消费者熟悉感受，使消费者获得社会群体的认可，从而使其获得愉悦体验。

老字号品牌在几代人回忆中的美好印象，使人们对老字号品牌有强烈的信任，熟悉的品牌符号和情境也给消费者带来了安全感。

复古不再是古板、过时的代名词，而是体现了时尚潮流，对时尚的重新定义和对经典的怀旧情绪促使人们进一步追求复古风（刘苏鑫，2011）。

从文献回顾可以看出，老字号品牌的品牌内涵和复古时尚具有契合性，老字号品牌通过复古时尚实现复兴具有可行性。

第三节　时尚的本质是创新

一　问卷设计

考虑到对比分析需要尽量排除其他影响因素，本章选取运动品牌为代表，撷取1927年创立的老字号品牌回力、1908年创立的运动时尚品牌耐克、1949年创立的运动时尚品牌阿迪达斯以及国内领先的运动时尚品牌李宁和安踏，对比分析回力与以上这些运动品牌在时尚创新上的差距。问卷对于性别、年龄、收入和职业等背景信息进行调查，目的是研究不同性别、年龄、收入和职业的消费者与不同品牌的时尚及怀旧元素之间的关系。根据文献回顾，笔者选取了四个维度：潮流、美观、新奇、怀旧。潮流指一段时间内社会认可的流行；美观主要包括外形的漂亮、光彩夺目的"炫"和一致的审美观三个层面；新奇包括新出现的和令人惊奇的；怀旧是对过去时光的怀念。因为回力凭借复古时尚风获得了品牌复兴，所以在问卷中加入"怀旧"进行研究。问卷采用李克特五点量表来调查消费者对四个维度的认可程度，其中"非常同意""同意""不一定""不同意""非常不同意"五种回答分别记为5、4、3、2、1。

二　数据收集与样本分析

此次问卷以网络形式发放和回收，先在小范围内随机发放100份问卷进行预调研，之后通过微信朋友圈、空间说说、微博等方式向相关品牌的消费者社群发放推荐链接，先后发放问卷500多份，共回收有效问卷243份，并利用SPSS软件对数据进行了分析。

表4-1　被调查对象的人口统计学特征

	特征	频数（人）	百分比（%）
性别	女	193	79.4
	男	50	20.6
年龄	18岁以下	22	9.1
	18～25岁	179	73.7
	26～35岁	21	8.6
	36～45岁	11	4.5
	46岁及以上	10	4.1

资料来源：笔者自制。下同。

在243份有效问卷涉及的被调查者中，女性193人，占比79.4%；男性50人，占比20.6%。其中18岁以下，22人，占比9.1%；18～25岁，179人，占比73.7%；26～35岁，21人，占比8.6%；36～45岁，11人，占比4.5%；46岁及以上，10人，占比4.1%（见表4-1）。

三　均值分析

均值分析旨在分析消费者对回力品牌的心理定位。

表4-2　回力认知

	频数（人）	百分比（%）	有效百分比（%）	累计百分比（%）
运动品牌	133	54.7	54.7	54.7
时尚品牌	23	9.5	9.5	64.2
运动与时尚品牌	58	23.9	23.9	88.1
其他	29	11.9	11.9	100.0
总计	243	100.0	100.0	

由表4-2可以看出，54.7%的消费者认为回力品牌是一个运动品牌，只有9.5%的消费者认为回力品牌是一个时尚品牌，23.9%的消费者认为回力品牌在运动品牌中融合了时尚的元素，11.9%的消费者并不清楚回力属于哪一类的品牌。

品牌定位是要找到一个能够打动消费者的关键点，并通过各种传播工具将之告知目标消费者，从而为消费者提供一个明确的购买理由。通过以上分析可以发现，回力的品牌定位并不明确。

四　对比分析

（一）维度的描述统计

表4-3　维度描述统计

		个案数	平均值	标准差
潮流	回力	243	2.3745	0.90207
	耐克	243	3.7366	0.97731
	李宁	243	3.6296	0.95057
	阿迪达斯	243	3.9424	1.01475
	安踏	243	3.7984	0.91615

续表

		个案数	平均值	标准差
美观	回力	243	2.8025	0.95459
	耐克	243	3.7984	0.83597
	李宁	243	3.6337	0.88701
	阿迪达斯	243	4.0247	0.82785
	安踏	243	3.7654	0.94394
新奇	回力	243	2.5679	0.86633
	耐克	243	3.8066	0.89975
	李宁	243	3.4074	0.91513
	阿迪达斯	243	3.9959	0.91587
	安踏	243	3.7613	0.93631
怀旧	回力	243	3.6584	0.91057
	耐克	243	3.0041	0.94693
	李宁	243	3.2798	0.87898
	阿迪达斯	243	2.7942	1.13493
	安踏	243	1.9630	0.67010

从表4-3可以看出，回力在潮流、美观、新奇方面都要弱于耐克、李宁、阿迪达斯和安踏等国内外主流运动时尚品牌，只有怀旧方面要强于其他四个品牌，这与现实状况也较为吻合。

（二）比较分析

表4-4　方差分析

		平方和	自由度	均方	F	显著性
潮流	组间	394.688	4	98.672	108.634	0.000
	组内	1099.045	1210	0.908		
	总计	1493.733	1214			

续表

		平方和	自由度	均方	F	显著性
美观	组间	214.848	4	53.712	67.592	0.000
	组内	961.523	1210	0.795		
	总计	1176.370	1214			
新奇	组间	312.318	4	78.079	94.917	0.000
	组内	995.358	1210	0.823		
	总计	1307.676	1214			
怀旧	组间	391.618	4	97.905	115.576	0.000
	组内	1024.996	1210	0.847		
	总计	1416.614	1214			

从方差分析结果（表4-4）得出，在四个维度上，显著性均近似为零，结果显著，表明回力、耐克、李宁、阿迪达斯和安踏的均值有显著差异，具有统计学意义。至于具体的差异需要进行事后检验。

表4-5　方差齐性检验

		莱文统计值	自由度1	自由度2	显著性
潮流	基于平均值	1.289	4	1210	0.272
	基于中位数	1.445	4	1210	0.217
	基于中位数并具有调整后自由度	1.445	4	1205.550	0.217
	基于剪除后平均值	1.685	4	1210	0.151
美观	基于平均值	2.737	4	1210	0.028
	基于中位数	0.939	4	1210	0.441
	基于中位数并具有调整后自由度	0.939	4	1165.356	0.441
	基于剪除后平均值	1.796	4	1210	0.127
新奇	基于平均值	2.921	4	1210	0.020
	基于中位数	1.128	4	1210	0.342

续表

		莱文统计值	自由度1	自由度2	显著性
新奇	基于中位数并具有调整后自由度	1.128	4	1171.225	0.342
	基于剪除后平均值	2.146	4	1210	0.073
怀旧	基于平均值	26.035	4	1210	0.000
	基于中位数	18.747	4	1210	0.000
	基于中位数并具有调整后自由度	18.747	4	1158.260	0.000
	基于剪除后平均值	26.346	4	1210	0.000

在方差齐性检验中，潮流为方差齐性，其他三个维度基于平均值均为非齐性（见表4-5）。因此潮流维度选用邦弗伦尼（Bonferroni）方法进行检验，美观、新奇和怀旧维度采用盖姆斯－豪厄尔（Games-Howell）方法进行检验。

表4-6　潮流多重比较　邦弗伦尼法

（I）group	（J）group	平均值差值（I-J）	标准误	显著性	95% 置信区间 下限	上限
回力	耐克	-1.36214*	0.08646	0.000	-1.6053	-1.1190
	李宁	-1.25514*	0.08646	0.000	-1.4983	-1.0120
	阿迪达斯	-1.56790*	0.08646	0.000	-1.8110	-1.3248
	安踏	-1.42387*	0.08646	0.000	-1.6670	-1.1807
耐克	回力	1.36214*	0.08646	0.000	1.1190	1.6053
	李宁	0.10700	0.08646	1.000	-0.1362	0.3501
	阿迪达斯	-0.20576	0.08646	0.175	-0.4489	0.0374
	安踏	-0.06173	0.08646	1.000	-0.3049	0.1814
李宁	回力	1.25514*	0.08646	0.000	1.0120	1.4983
	耐克	-0.10700	0.08646	1.000	-0.3501	0.1362
	阿迪达斯	-0.31276*	0.08646	0.003	-0.5559	-0.0696
	安踏	-0.16872	0.08646	0.512	-0.4119	0.0744

续表

（I）group	（J）group	平均值差值（I–J）	标准误	显著性	95% 置信区间	
					下限	上限
阿迪达斯	回力	1.56790*	0.08646	0.000	1.3248	1.8110
	耐克	0.20576	0.08646	0.175	–0.0374	0.4489
	李宁	0.31276*	0.08646	0.003	0.0696	0.5559
	安踏	0.14403	0.08646	0.960	–0.0991	0.3872
安踏	回力	1.42387*	0.08646	0.000	1.1807	1.6670
	耐克	0.06173	0.08646	1.000	–0.1814	0.3049
	李宁	0.16872	0.08646	0.512	–0.0744	0.4119
	阿迪达斯	–0.14403	0.08646	0.960	–0.3872	0.0991

* 平均值差值的显著性水平为0.05。

表4-6为采用邦弗伦尼法进行的多重比较分析。从表中可以发现：①在潮流方面，回力要显著低于耐克、李宁、阿迪达斯、安踏；②除回力外，耐克、安踏与其他品牌没有潮流方面的显著差异；③李宁在潮流方面要显著低于阿迪达斯。

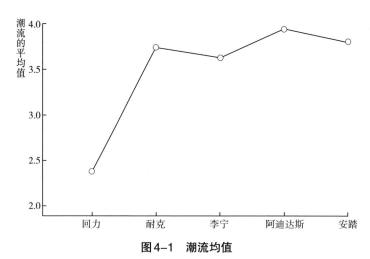

图4-1　潮流均值

资料来源：笔者自制。下同。

图4-1显示了上述品牌在潮流因变量的平均值，横轴为不同品牌，纵轴为各品牌潮流的平均值。从图中可以看出，阿迪达斯潮流的平均值最高，其次是安踏和耐克，李宁又次之，最低是回力。

表4-7　美观多重比较　盖姆斯–豪厄尔法

（Ⅰ）group	（J）group	平均值差值（I-J）	标准误	显著性	95% 置信区间 下限	95% 置信区间 上限
回力	耐克	−0.99588*	0.08140	0.000	−1.2188	−0.7730
	李宁	−0.83128*	0.08359	0.000	−1.0602	−0.6024
	阿迪达斯	−1.22222*	0.08106	0.000	−1.4442	−1.0003
	安踏	−0.96296*	0.08612	0.000	−1.1988	−0.7272
耐克	回力	0.99588*	0.08140	0.000	0.7730	1.2188
	李宁	0.16461	0.07819	0.219	−0.0495	0.3787
	阿迪达斯	−0.22634*	0.07547	0.024	−0.4330	−0.0197
	安踏	0.03292	0.08089	0.994	−0.1886	0.2544
李宁	回力	0.83128*	0.08359	0.000	0.6024	1.0602
	耐克	−0.16461	0.07819	0.219	−0.3787	0.0495
	阿迪达斯	−0.39095*	0.07783	0.000	−0.6041	−0.1778
	安踏	−0.13169	0.08309	0.508	−0.3592	0.0958
阿迪达斯	回力	1.22222*	0.08106	0.000	1.0003	1.4442
	耐克	0.22634*	0.07547	0.024	0.0197	0.4330
	李宁	0.39095*	0.07783	0.000	0.1778	0.6041
	安踏	0.25926*	0.08054	0.012	0.0387	0.4798
安踏	回力	0.96296*	0.08612	0.000	0.7272	1.1988
	耐克	−0.03292	0.08089	0.994	−0.2544	0.1886
	李宁	0.13169	0.08309	0.508	−0.0958	0.3592
	阿迪达斯	−0.25926*	0.08054	0.012	−0.4798	−0.0387

* 平均值差值的显著性水平为0.05。

表4-7为采用盖姆斯–豪厄尔方法进行的多重比较分析。从表中可以发现：①就美观而言，阿迪达斯要显著高于回力、耐克、李宁、安踏；②耐克、李宁、安踏三者之间没有美观方面的显著差异；③回力在美观方面要显著低于其他品牌。

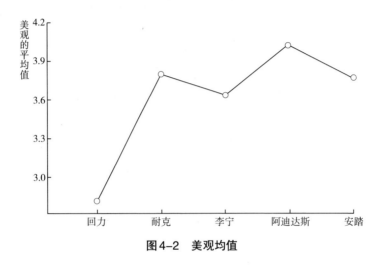

图4-2　美观均值

图4-2显示了上述品牌在美观因变量的平均值，横轴为不同品牌，纵轴为各品牌美观的平均值。从图中可以看出，阿迪达斯美观的平均值最高，其次是耐克和安踏，李宁又次之，最低是回力。

表4-8　新奇多重比较　盖姆斯–豪厄尔法

（I）group	（J）group	平均值差值（I–J）	标准误	显著性	95% 置信区间	
					下限	上限
回力	耐克	−1.23868*	0.08013	0.000	−1.4581	−1.0193
	李宁	−0.83951*	0.08084	0.000	−1.0609	−0.6182
	阿迪达斯	−1.42798*	0.08087	0.000	−1.6494	−1.2065
	安踏	−1.19342*	0.08183	0.000	−1.4175	−0.9693
耐克	回力	1.23868*	0.08013	0.000	1.0193	1.4581

续表

（I）group	（J）group	平均值差值（I-J）	标准误	显著性	95% 置信区间	
					下限	上限
耐克	李宁	0.39918*	0.08233	0.000	0.1738	0.6246
	阿迪达斯	−0.18930	0.08236	0.147	−0.4148	0.0362
	安踏	0.04527	0.08330	0.983	−0.1828	0.2734
李宁	回力	0.83951*	0.08084	0.000	0.6182	1.0609
	耐克	−0.39918*	0.08233	0.000	−0.6246	−0.1738
	阿迪达斯	−0.58848*	0.08306	0.000	−0.8159	−0.3611
	安踏	−0.35391*	0.08399	0.000	−0.5839	−0.1239
阿迪达斯	回力	1.42798*	0.08087	0.000	1.2065	1.6494
	耐克	0.18930	0.08236	0.147	−0.0362	0.4148
	李宁	0.58848*	0.08306	0.000	0.3611	0.8159
	安踏	0.23457*	0.08402	0.043	0.0045	0.4646
安踏	回力	1.19342*	0.08183	0.000	0.9693	1.4175
	耐克	−0.04527	0.08330	0.983	−0.2734	0.1828
	李宁	0.35391*	0.08399	0.000	0.1239	0.5839
	阿迪达斯	−0.23457*	0.08402	0.043	−0.4646	−0.0045

* 平均值差值的显著性水平为0.05。

表4-8为采用盖姆斯－豪厄尔方法进行的多重比较分析。从表中可以发现：①就新奇而言，阿迪达斯与耐克没有显著差异，显著高于回力、李宁、安踏；②耐克与阿迪达斯、安踏没有显著差异，要显著高于李宁、回力；③安踏与耐克没有显著差异，显著低于阿迪达斯，显著高于李宁和回力；④李宁显著低于耐克、阿迪达斯和安踏，显著高于回力；⑤回力在新奇方面显著低于其他品牌。

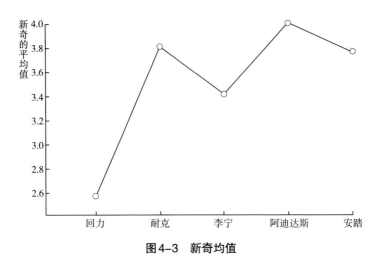

图4-3　新奇均值

图4-3显示了上述品牌在新奇因变量的平均值，横轴为不同品牌，纵轴为各品牌新奇的平均值。从图中可以看出，阿迪达斯新奇的平均值最高，耐克次之，再次为安踏，然后是李宁，最低是回力。

表4-9　怀旧多重比较　盖姆斯－豪厄尔法

（I）group	（J）group	平均值差值（I-J）	标准误	显著性	95% 置信区间	
					下限	上限
回力	耐克	0.65432*	0.08427	0.000	0.4236	0.8851
	李宁	0.37860*	0.08119	0.000	0.1563	0.6009
	阿迪达斯	0.86420*	0.09334	0.000	0.6086	1.1198
	安踏	1.69547*	0.07253	0.000	1.4968	1.8941
耐克	回力	-0.65432*	0.08427	0.000	-0.8851	-0.4236
	李宁	-0.27572*	0.08288	0.008	-0.5027	-0.0488
	阿迪达斯	0.20988	0.09482	0.176	-0.0498	0.4695
	安踏	1.04115*	0.07442	0.000	0.8373	1.2450
李宁	回力	-0.37860*	0.08119	0.000	-0.6009	-0.1563
	耐克	0.27572*	0.08288	0.008	0.0488	0.5027

续表

（I）group	（J）group	平均值差值（I-J）	标准误	显著性	95% 置信区间	
					下限	上限
李宁	阿迪达斯	0.48560*	0.09209	0.000	0.2334	0.7378
	安踏	1.31687*	0.07090	0.000	1.1227	1.5111
阿迪达斯	回力	-0.86420*	0.09334	0.000	-1.1198	-0.6086
	耐克	-0.20988	0.09482	0.176	-0.4695	0.0498
	李宁	-0.48560*	0.09209	0.000	-0.7378	-0.2334
	安踏	0.83128*	0.08455	0.000	0.5996	1.0630
安踏	回力	-1.69547*	0.07253	0.000	-1.8941	-1.4968
	耐克	-1.04115*	0.07442	0.000	-1.2450	-0.8373
	李宁	-1.31687*	0.07090	0.000	-1.5111	-1.1227
	阿迪达斯	-0.83128*	0.08455	0.000	-1.0630	-0.5996

* 平均值差值的显著性水平为 0.05。

表4-9为采用盖姆斯－豪厄尔方法进行的多重比较分析。从表中可以发现：①就怀旧而言，回力显著高于其他品牌；②李宁除了

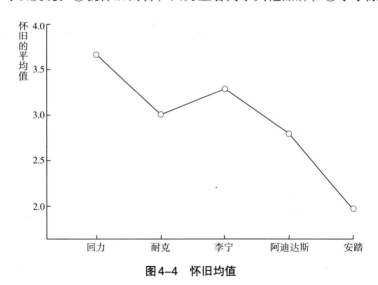

图4-4　怀旧均值

显著低于回力之外，显著高于安踏、耐克、阿迪达斯；③耐克、阿迪达斯之间没有显著差异，显著低于回力和李宁，显著高于安踏；④安踏显著低于其他品牌。

图4-4显示了上述品牌在怀旧因变量的平均值，横轴为不同品牌，纵轴为各品牌怀旧的平均值。从图中可以看出，回力怀旧的平均值最高，李宁次之，然后是耐克、阿迪达斯，最低是安踏。

第四节　结论与局限

一　结论与建议

通过均值分析和多重比较，可以得出以下结论。

（一）老字号回力品牌定位不太明确

尽管回力自身定位是运动时尚品牌，但是对于消费者来说，这个定位并不明显，有的消费者认为回力是运动品牌，有的认为回力是时尚品牌。回力在消费者心中的定位模糊，说明回力在时尚创新的潮流、新奇、美观等维度上没有得到消费者的充分认可。在这种情况下，回力凭借一时的复古怀旧风带来的销售额提升也只能是昙花一现，要想真正成为运动时尚品牌，就必须加大创新力度，增加回力品牌的复古时尚及其他时尚元素，从而赢得消费者的关注。

（二）老字号回力品牌在潮流、美观、新奇及怀旧方面都需要提升

回力品牌在潮流、美观和新奇上与阿迪达斯、耐克、安踏和李宁都有显著的差距。美观度的差异，使得产品无法给消费者带来形

象价值，难以获得认可；新奇度的差异，使得产品无法给消费者带来刺激感，难以获得新颖、奇特的精神价值。回力尽管通过复古怀旧风在销售额上有一定提升，但是从以上分析可以看出，消费者对怀旧的认知还不够深入，或者对回力的怀旧时尚认同度不高。

（三）加大创新和宣传力度

老字号品牌要想复兴就必须加大创新力度，在产品原有形象的基础上既增加新的时尚创新元素，也要保留老字号品牌的经典款式，唤起消费者的怀旧情怀。经营策略上，老字号品牌除了要唤起老一代人的回忆外，还要针对年轻人进行一系列的宣传活动，让年轻人了解时尚创新下的国货品牌，从而抓住年轻消费群体的心，提高他们对老字号品牌的忠诚度和美誉度。

二　局限性

（一）品牌类别需要进一步扩展

本书是针对老字号品牌的研究，但调研仅限于运动品牌，品牌选择具有局限性，还需要针对不同类别的品牌进行进一步研究。

（二）调研对象的局限性

本章调研消费者对于品牌在潮流、美观、新奇和怀旧方面的评价，但是问卷主要通过网络进行发放，这样就导致数据过于集中，无法准确分析出不同年龄、收入及职业的消费者对产品潮流、美观、新奇和怀旧的评价。很有可能国内的中老年人更加了解复古时尚，会被熟悉的回力产品元素和符号唤起昔日回忆，会更愿意购买回力产品。此次调研群体的限制，在一定程度上影响了分析结果的准确性。

（三）问卷设计简单

此次问卷设计仅仅满足于对时尚品牌与老字号品牌进行比较分

析，问题设置较为简单。

从现有研究来看，企业的创新影响因素主要包括外部因素和内部因素。外部因素主要指企业所处的宏观环境和产业环境，包括竞争程度、市场化程度以及政府政策等。实证研究也表明，环境因素主要对企业的创新和开放影响显著（陈红花等，2017）。而老字号企业大多具有鲜明的地方特色，都是在形成区域优势的基础上发展起来的，因此地域等环境因素对老字号的创新就更具有影响力。内部因素主要指企业的规模、人力资源、研发投入等。研究发现企业的规模、企业特征、市场竞争状况、经营状况和社会资本是老字号创新的影响因素，对创新有显著的促进作用（尉建文、刘波，2015）。也有研究表明，企业是侧重于现有产品业务的主流创新还是侧重于探索新的技术和业务的新流创新对企业的绩效也有重要影响，而这对老字号尤为重要（Terziovski，2010）。而无论是内部因素还是外部因素，创新活动最终还要受到具体决策者的影响，因此企业高管的个人特征较为重要。高管的受教育水平越高，对问题的处理、对市场的判断以及对企业的战略决策能力就越强，由此可知高管的个人特征对创新也具有较为显著的影响（任大帅等，2018）。

第五章

消费者与品牌情绪互动下老字号时尚化路径

本章以共生理论为基础，以消费者感知为视角，通过对老字号品牌企业消费者进行问卷调查而回收到的365份有效问卷进行检验和分析，取得的研究结论如下。①品牌传承能够促进新起点心态，新起点心态又能够促进品牌至爱，但是新起点心态没有在品牌传承与品牌至爱之间起到中介作用。②品牌传承能够促进品牌至爱，品牌怀旧却能够抑制品牌至爱，总体来看，品牌怀旧在品牌传承与品牌至爱之间起负向的中介作用。本章的研究结论对老字号企业品牌管理与创新有所启示。①企业可以使用老字号品牌传承来加深消费者对该品牌的至爱。②老字号在进行品牌营销及品牌形象塑造时，不要过度利用消费者的怀旧感，避免丧失消费者对企业的品牌至爱。③老字号品牌企业需要以更加敏锐的眼光洞察消费者的需求，在占据传统优势产品市场的同时，不断创新产品和服务。④老字号品牌企业应通过不断创新产品以适应并推动消费者的新起点心态。⑤老字号品牌企业可以借助消费者的怀旧情怀参与慈善行动，以增强消费者对品牌的至爱感。

第一节　百年老字号的秘密是什么？

老字号品牌作为企业的无形资产是企业在竞争中长期累积而来的宝贵财富，品牌传承是继承和发扬品牌价值、降低市场交易成本的重要手段。消费者作为企业、产品、社会的连接体，他们在产品消费的过程中，还与品牌之间建立了特殊情感。换言之，当前的消费者不仅会使用特定品牌的产品，还会对该品牌产生"爱意"（李韵琴，2014）。而将这一"爱意"最终转化为企业产品的购买是企业所追求的核心目标。

毫无疑问，品牌传承既是一个企业的使命与追求，也是企业被消费者认可的"无形资产"。有学者将品牌传承界定为一个品牌过去表征及其对认知和情感影响的响应（Pecot et al.，2019）。成为百年企业是多数企业孜孜以求的梦想，然而，在全球范围内，能够穿越时空、长久存在的老字号品牌企业并不多。然而，消费者为什么会选择消费老字号品牌企业的产品呢？怀旧情绪是消费者持续消费老字号品牌产品的重要原因之一。消费者怀旧是其对个人经历和所珍视过去的情感渴望，是一种社会情感，通过个人的重大生活事件或重要他人，培养了社会联系感（Zhou et al.，2012）。但是，怀旧情绪能否在品牌传承与品牌至爱之间起到情感联结的作用呢？这一问题尚须进一步探究。

另外，消费者的需求是消费者与时代、环境交互的产物，消费者的偏好也会随着其眼光和心态的变化而呈现多元化与时尚化的趋势。面对消费者新起点心态的变化，消费者的新起点心态对老字号企业的品牌传承与品牌至爱会产生什么影响呢？消费者的新起点心态在品牌传承与品牌至爱的关系中扮演什么样的角色呢？学界关于相关问题的研究成果较少，并且这些问题目前也尚未被厘清。

学者们多从组织视角对品牌个案、文化传承、品牌形象等角度的品牌传承进行研究，从消费者感知视角对品牌传承的研究相对较少。加之，随着学者们对老字号品牌研究的不断深化，对老字号品牌的研究已经从静态的视角向更加动态化和多元化的视角转变。已有研究强调，品牌传承对于企业的可持续发展具有积极的作用，但是对把品牌传承作为自变量，把以消费者情感为载体的品牌至爱作为因变量的研究较少。值得注意的是，消费者心态变化对于品牌传承的影响是不可忽视的。倘若忽视了消费者的心态与情感，便无法准确判断与引导消费者的潜在行为。然而，现实问题却是消费者的心态变化是不以企业需求为转移的，因此，企业了解消费者对老字号品牌新起点的接受度，对于企业品牌传承以及品牌激活都具有重要的意义。

综上所述，本章以共生理论为基础，以品牌传承为自变量，以品牌至爱为因变量，探讨新起点心态和怀旧在品牌传承与品牌至爱之间所产生的作用。本章的结论不仅丰富了品牌创新的相关研究成果，而且补充了消费者行为相关研究的理论文献，揭示了品牌传承对品牌至爱的影响机理，对于进一步研究老字号品牌具有重要的理论意义。同时，本章对于老字号品牌的激活、时尚化和传承的实践指出了清晰的路径，有利于老字号企业的可持续发展，因而具有重要的现实意义。

第二节　探寻老字号的共生生态

按照Lynn Margulis所提出的共生理论，生命不是消极被动地去适应外部环境，而是主动地形成和改造环境，并与周围新的生物群体融合共生。共生不仅是一种生物现象，而且是一种社会现象。有学者认为，人与人、自然与自然，以及人与自然之间存在着一种相互依存、和谐、统一的命运关系，品牌与品牌、文化与旅游等都存在着共生现象（黄苏萍等，2020；熊海峰、祁吟墨，2020）。本章以共生理论为基础，认为品牌传承与品牌至爱的关系之中，伴随着消费者的怀旧情怀与新起点心态而共同作用，这形成了本章的研究框架。

一 品牌传承对品牌至爱的作用

童年记忆、消费体验和期望以及共享的社会习俗使企业品牌传承为消费者带来真实性，独特性、可信度和随时间的一致性是企业品牌传承进行真实性评估的关键维度（Rindell and Santos，2021）。老字号品牌之所以能够长久地存活下来，是因为其生存的基本逻辑是拥有产品在某一领域卓越的独特性，而这种卓越的独特性又会进一步强化其品牌的强势地位。如果消费者秉承物质主义价值观，那么，品牌卓越对品牌至爱具有正向的影响（杨德锋等，2012）。老字号品牌往往融入消费者不止一代人的家庭生活之中，消费者在使用产品的岁月中沉淀了故事和情感，当消费者把对至亲的感情倾注到品牌上，则会把该品牌视为至爱。同时，老字号品牌的使用还会进一步强化品牌至爱者的自我认知，进而使他们感到满意（李韵琴，2014）。研究表明，感知功能和符号效益能够预测消费者对智能手机品牌的喜爱程度。老字号品牌沉淀了岁月，积累了良好的口碑和品牌形象。研究发现品牌形象对品牌喜爱有显著的正向影响（Dam，2020）。加之，具有悠久历史的老字号品牌容易使消费者产生丰富的联想，而品牌联想对品牌至爱具有积极的促进作用。此外，品牌意识提高了消费者的感知质量和丰富了品牌联想。老字号品牌在品牌传承中的重要竞争优势就是良好的产品质量，这能够增加消费者对品牌的认可、信任与支持。另外，品牌信任对品牌至爱也有积极的影响（Madadi et al.，2021）。由此得出假设H1：老字号企业品牌传承能够促使消费者对其产生品牌至爱。

二　怀旧的中介作用

企业品牌在不断发展过程中，如果其产品性能及外观能够满足消费者对品牌的物质和精神追求，就能够形成消费者的品牌至爱（李韵琴，2014）。反之，当老字号品牌的消费者无法从该品牌获得物质和精神的双重满足时，则可能抑制消费者对品牌的"爱意"。从怀旧的三个维度来看，人际怀旧、家庭怀旧和个人怀旧都是将消费者的情感和认知与逝去的过往进行匹配和认同（何佳讯，2010）。然而，落后的生产力和文化无法与消费者与时俱进的需求相匹配。相比之下，传统产品是消费者熟悉的产品，因此传统产品所带来的不确定性相对较低，但是怀旧感引起的社会支持效应可能不会在新产品的被采纳决策中发挥作用。已有研究表明，怀旧会促进社会支持，进而鼓励消费者采用新产品，但是当个体具有独立的自我构念时，这种影响会减弱。当消费者产生怀旧感时，他们更倾向于使用新产品（Zhou et al.，2021）。因此，对于老字号品牌而言，仅仅靠怀旧情怀，无法持续吸引已有的粉丝群体。

从心理学的角度来讲，当消费者审美疲劳时，他们更加崇尚新鲜的事物。企业以满足或引领消费者需求为契机，不断尝试更新的、更有趣的方式吸引消费者有限的注意力。为此，企业积极探索新的营销方式来吸引消费者。消费者对于超现实体验中的感官体验、情感体验、社会体验尤为关注，这些均对品牌至爱具有明显的促进作用（张娜等，2016）。倘若老字号品牌企业沉迷于过去的辉煌，而竞争对手的产品与消费者的需求却在不断更新迭代，那么"固步自封"的企业无法满足消费者日益更新的多元化需求。由此得出假设 H2：怀旧会在老字号企业品牌传承与品牌至爱之间起到负向的中介作用。

三 新起点的中介作用

消费者对企业品牌传承的认可主要基于稳定性使用、寿命使用和适应性使用三个标准（Pecot et al.，2019）。一方面，消费者通过他们所做的改变来理解品牌的时间维度，当他们与品牌进行互动时，企业激进的改变满足了消费者的期望；另一方面，企业需要根据市场变化重新设计产品（Merrilees，2005）。消费者能感知到品牌的稳定性，并表现为较强的适应性。这意味着老字号品牌企业可以将品牌探索和品牌开发同时进行，以解决品牌衰老问题。消费者对老字号企业产品适应性提出要求，对企业创新也提出了新的要求。当老字号企业满足了消费者不断更迭的物质和心理需求时，消费者会加深对老字号品牌的认同，进而增强对品牌的情感，从而形成品牌至爱。

然而，消费者并不会轻易相信品牌的自然性诉求，因此了解消费者喜爱产品的因素至关重要。研究发现，消费者的健康意识与消费自然产品的原因和态度正相关，并且消费自然产品的原因和态度与品牌又正向影响消费者对自然产品的喜爱程度（Sreen et al.，2021）。这进一步印证了消费者心态的变化性与产品特性之间需要一定的契合度，即企业需要准确察觉消费者的新起点心态及其变化。由此得出假设 H3：新起点心态会在老字号企业品牌传承与品牌至爱之间起到正向的中介作用。

第三节　研究设计

一　样本与变量

本章采用问卷调查法对变量之间的关系开展研究。笔者通过线上与线下结合的调查方法随机发放问卷，最终收回365份有效问卷。

本章所涉及的问卷均采用成熟量表，以保障结果的信度和效度。其中，怀旧采用何佳讯（2010）开发的消费者怀旧倾向量表，该量表包含人际怀旧（RJHJ）、家庭怀旧（JTHJ）和个人怀旧（GRHJ）三个维度，共包含13个题项，用来衡量消费者对老字号企业的品牌怀旧。品牌传承（PC）采用Pecot等（2019）开发的量表，包含稳定使用（WD）、寿命使用（SM）和适应性使用（SY）三个维度，来衡量老字号企业的品牌传承。新起点心态（XQD）使用Price等（2018）开发的量表，共包含6个题项，用来衡量消费者过去或当下的情况，对老字号品牌新开始给予理解，并尝试接受老字号品牌规划的新道路。品牌至爱（PPZA）使用Carroll和Ahuvia（2006）开发的5个题项的量表，用来衡量消费者对于老字号企业的品牌至爱。

另外，考虑到消费者性别、年龄也可能对本章的研究结果产生影响，笔者将其作为控制变量纳入本章模型的运算中。

二　信度和效度检验

为了保证研究结果的准确性，本章使用SPSS软件进一步对变量的信度和效度进行检验。首先，由于本章所使用的均是成熟问卷，问卷本身具有良好的内容效度。其次，从所涉及构念的因子载荷来看，所有构念的因子载荷值均大于0.4，符合因子载荷的临界值要求。再次，对变量的结构效度（CR）进行检验，所涉及变量的值为0.717～0.889。最后，对变量的收敛效度进行检验，其中家庭怀旧、个人怀旧、新起点心态三个变量的AVE值略低于0.5，也体现出问卷具有较好的收敛效度（见表5-1）。

表5-1 信度和效度检验

维度	题项	因子载荷	题目信度 SMC	结构效度 CR	收敛效度 AVE
RJHJ	RJHJ1	0.731	0.534	0.811	0.519
	RJHJ3	0.792	0.627		
	RJHJ4	0.720	0.518		
	RJHJ5	0.630	0.397		
JTHJ	JTHJ1	0.667	0.445	0.744	0.493
	JTHJ2	0.763	0.582		
	JTHJ3	0.673	0.453		
GRHJ	GRHJ2	0.728	0.530	0.780	0.471
	GRHJ3	0.639	0.408		
	GRHJ4	0.728	0.530	0.780	0.471
	GRHJ5	0.645	0.416		
HJ	RJHJ	0.693	0.480	0.815	0.597
	JTHJ	0.854	0.729		
	GRHJ	0.762	0.581		
WD	WD2	0.772	0.596	0.799	0.570
	WD3	0.765	0.585		
	WD4	0.727	0.529		
SM	SM1	0.795	0.632	0.759	0.514
	SM2	0.707	0.500		
	SM3	0.641	0.411		

续表

维度	题项	因子载荷	题目信度SMC	结构效度CR	收敛效度AVE
SY	SY1	0.794	0.630	0.772	0.628
	SY2	0.791	0.626		
PC	WD	0.853	0.728	0.889	0.727
	SM	0.874	0.764		
	SY	0.83	0.689		
XQD	XQD4	0.597	0.356	0.717	0.459
	XQD5	0.692	0.479		
	XQD6	0.737	0.543		
PPZA	PPZA1	0.787	0.619	0.879	0.594
	PPZA2	0.826	0.682		
	PPZA3	0.839	0.704		
	PPZA4	0.658	0.433		
	PPZA5	0.728	0.530		

资料来源：笔者自制。下同。

注：RJHJ、GRHJ、WD、XQD的部分题项未通过信效度检验，在表格中不予体现。

另外，本章通过对一阶模型和二阶模型进行比较，发现T=1阶CFA的卡方与T=2阶CFA的卡方比值接近1，可以使用二阶因子进行分析。通过进一步对模型进行拟合可以发现，χ^2/df、RMSEA、SRMR、CFI和TLI值分别为1.90、0.050、0.067、0.927、0.919，均符合模型拟合的要求（见表5-2）。

表5-2　模型拟合指数

指标	卡方值（χ^2）	自由度（df）	卡方自由度比（χ^2/df）	RMSEA	SRMR	CFI	TLI
最优标准			<3	<0.08	<0.05	>0.9	>0.9
临界标准			<5	<0.1	<0.08	>0.8	>0.8
本模型拟合值	594.958	313	1.90	0.050	0.067	0.927	0.919

第四节　老字号共生模式构建

本章运用Mplus 8.0对所研究模型的路径进行拟合（见表5-3），研究发现品牌新起点心态能够促进消费者对老字号的品牌至爱，其标准化路径系数为0.151（$p<0.1$）；怀旧能够削弱消费者对老字号的品牌至爱，其路径系数为-0.170（$p<0.05$）；品牌传承能够促进消费者对老字号的品牌至爱，其标准化路径系数为0.237（$p<0.05$）；品牌传承能够促进消费者面对老字号品牌的新起点心态，其标准化路径系数为0.467（$p<0.01$）；老字号品牌传承能够促使消费者产生怀旧情绪，其标准化路径系数为0.394（$p<0.01$），由此验证了假设H1。

表5-3　直接效应拟合结果

假设	模型路径	标准化路径系数	p值	检验结果
H1	新起点心态→品牌至爱	0.151	0.090	显著
	怀旧→品牌至爱	-0.170	0.023	显著
	品牌传承→品牌至爱	0.237	0.010	显著
	品牌传承→新起点心态	0.467	0.0	显著
	品牌传承→怀旧	0.394	0.0	显著

进一步对怀旧和新起点心态在品牌传承和品牌至爱之间的中介作用进行检验（见表5-4），结果显示，怀旧这一中介变量的标准化路径系数为-0.067（$p<0.1$），表明怀旧在品牌传承和品牌至爱之间起到负向的中介作用，验证了假设H2。通过对新起点心态的中介作用进行检验，其标准化路径系数为0.071（$p>0.1$），未通过显著性检

验，表明新起点心态没有在品牌传承与品牌至爱之间起到中介作用，假设H3没有被验证。

表5-4　中介效应结果

假设	中介路径	标准化路径系数	p值	结果
H2	品牌传承→怀旧→品牌至爱	-0.067	0.073	显著
H3	品牌传承→新起点心态→品牌至爱	0.071	0.107	不显著

第五节　结论与讨论

一　结论

本章以共生理论为基础，试图解释老字号品牌传承对品牌至爱的作用机理，得出的研究结论如下。①老字号品牌传承能够促进消费者的新起点心态，新起点心态能够促进消费者对老字号的品牌至爱，但是消费者新起点心态没有在老字号品牌传承与品牌至爱之间起到中介作用。②老字号品牌传承能够促进品牌至爱，怀旧却能抑制品牌至爱，总体来看，消费者的怀旧情绪在老字号品牌传承与品牌至爱之间起到负向的中介作用。

二　理论贡献与管理启示

（一）理论贡献

本章的理论贡献在于以下两个方面。①肯定了老字号品牌传承对品牌至爱的促进作用，丰富了品牌传承研究的结果变量。②剖析了以品牌传承为动因，以消费者新起点心态、怀旧为中介变量，以品牌至爱为因变量的作用机理。以往的研究既很少涉及品牌传承与品牌至爱之间的关系，又尚未考察新起点心态、怀旧与品牌至爱之间的关系，而本章剖析了上述因素之间的作用机理，揭示了怀旧对于品牌传承和品牌至爱的关系具有消极作用，以及指出了老字号品牌传承和激活的潜在路径。

（二）管理启示

第一，企业可以使用老字号的品牌传承来加深消费者对该品牌的至爱情感。在打造品牌传承时，要紧扣稳定使用、寿命使用和适应性使用三个核心指标。虽然历经岁月的老字号品牌通过可靠的产品性能在消费者心中树立了良好的品牌形象，但是适应性使用这个维度，要求老字号品牌适应外部环境的变化，这不仅包含适应消费者本身，还包括关注并融入不断变化的行业竞争生态。对于企业来说，老字号品牌本身已经具有一定的竞争优势，已经积累的口碑效应和品牌效应有利于老字号品牌降低企业营销的交易成本，以及减少消费者选择该产品时的犹豫行为，更容易使消费者对该老字号产生品牌至爱。

第二，老字号在进行品牌营销及品牌形象塑造时，要避免过度引导消费者陷入"怀旧"情境，虽然怀旧会勾起消费者对于过往产品的回忆，但是也可能使消费者陷入品牌陈旧的情怀中，进而使消费者忽略了新产品。老字号虽然是企业宝贵的品牌资产，怀旧却可能使消费者将品牌产品与过时产品进行思维上的匹配，进而影响产品在消费者心中的时尚形象，从而抑制消费者对品牌的至爱。因此，老字号品牌需要掌握怀旧营销的策略，营销重点放在突出现有产品价值上。

第三，老字号品牌企业需要与时俱进，不能秉承守成思想而裹足不前，从而丧失老字号品牌长期积淀的价值。处于买方市场的消费者具有多种备选方案。老字号品牌的老产品能满足的消费者所占据的市场份额相对有限，不利于企业的可持续发展。因此，老字号品牌企业需要以更加敏锐的眼光洞察消费者的需求，在占据传统优势产品市场的同时，不断创新产品和服务，在品牌已享有知名度和美誉度的基础上形成品牌新起点，使消费者体验企业的新产品，从而巩固消费者的认可，进而形成对老字号的品牌至爱。

第四，关于老字号品牌企业的新起点心态可以从两个方面进行调整。一方面，从消费者对企业适应的视角来看，老字号品牌企业需要引导消费者接纳该品牌不断推出新产品和发生新变化的事实，通过不断将老字号与时尚结合，形成的新的产品，进而不断满足或引领消费者需求。另一方面，从企业对消费者适应的视角来看，老字号品牌企业还需要直面不同代际消费者新起点心态的变化特点，将企业的品牌优势与新生代消费者的需求不断结合，优化产品的功能，结合符号、标识等引导消费者对品牌的喜爱，从而促进老字号品牌企业的可持续发展。

第五，老字号品牌企业可以借助消费者的怀旧情怀参与慈善行动，以实现消费者和慈善受益人的共情，以增强消费者对老字号品牌的至爱。企业参加公益活动是企业社会责任的体现，而公益活动可以彰显老字号品牌与社会的共生，增加消费者对老字号品牌企业的认同。加之，研究表明，品牌信任和品牌联想可以促使消费者对老字号产生品牌至爱，而老字号的慈善行为正可进一步增加消费者对其信任和认可的情感联结。

三 研究局限及展望

首先，本章的研究结果从一定程度上反映了变量之间的关系，虽然本章实证检验的个别数据的显著性在$p<0.1$的水平，但是也满足了统计分析的下限标准。其次，本章中所获得的结论是根据调查的截面数据实证检验得出的，因而没有从时间维度上反映出老字号品牌管理的动态机理。在未来的研究中，拟采用实验法进一步探索其他潜在影响变量与文本研究变量之间的关系。再次，本章研究发现怀旧在老字号的品牌传承与品牌至爱之间具有负向的中介作用，在未来的研究中，将进一步探讨怀旧的三个维度（人际怀旧、家庭怀旧和个人怀旧）在品牌传承与品牌至爱之间的作用，以便进一步为老字号品牌企业进行怀旧营销提供精准的策略支持。最后，本章主要是基于消费者层面进行研究，没有对企业与消费者之间的互动进行跨层次研究，今后将更深入开展融入组织或团队层面的研究，进一步丰富研究内容。

第六章

消费者与时尚表征互动下老字号时尚化路径

赋予产品时尚特性已经成为企业营销的主要工作。本章基于时尚理论、消费者融入理论和社会表征理论，通过对线上时尚社群和线下消费者进行的问卷调查，探讨了时尚表征对消费者融入的影响效应，以共享价值为中介变量，对三者之间的作用路径和机理进行了分析和验证。通过因子分析，发现时尚的核心表征是简约表征，外围表征是炫酷表征；验证了消费者融入是包含意识关注、参与热情和社会交流三个维度的二阶因子，并证实时尚的简约表征和炫酷表征都对消费者融入有直接的正向影响，也通过共享价值对消费者融入产生显著的间接效应；简约表征和炫酷表征促进了共享价值的提升；共享价值显著影响消费者融入；时尚表征不但直接作用于消费者融入，而且通过共享价值对消费者融入产生间接效应。本章为企业建设消费者融入的环境平台、为消费者提供良好的体验和感知、促进消费者形成共同的价值观、增加消费者融入的深度和广度提供了理论支持。

第一节　消费者融入是时尚的终极追求

时尚消费是现代社会的重要消费特征，赋予产品外观组合时尚表征使产品时尚化已经成为营销部门的主要工作（宋思根、郭雪影，2018），但是时尚的哪些特征对消费者更具有影响力呢？时尚本身求新求变的内蕴特性以及移动互联时代的信息易得性，也决定了时尚品牌很难用传统营销方式维持消费群体的忠诚。在移动互联时代是否有与消费者保持长期关系的新路径呢？被认为是超越忠诚的消费者融入行为提供了时尚品牌与消费者保持长久关系的可能性。消费者融入是互联网环境下的重要消费行为，体现了消费者对产品、品牌或者事件的参与程度，是品牌与消费者在互联网环境下的一种新型关系，它显著影响了消费者对品牌的认同、忠诚和购买行为（Vivek et al.，2012）。

最近几年消费者融入已经成为营销领域的研究热点。但是，目前的研究还主要集中在内涵界定和探讨的定性研究阶段，实证研究还较为缺乏。而且现有的研究主要集中在传统的营销框架内探讨消费者融入与满意、信任、忠诚、购买意愿等的互动关系。消费者融入是移动互联环境下的新型消费行为，除了与传统的消费行为具有关联之外，还应该具有一些新的环境下的影响路径和机理（Colliander and Dahl，2011；van Doorn et al.，2010；Hollebeek，2011）。

依据手段—目的链理论，消费行为的路径是价值的传递过程。时尚带给消费者的主要价值是时尚的精神价值，但是时尚的精神价值并不能仅仅通过款式、色彩完全体现出来，还需要消费者的沟通、交流等互动行为，形成较为一致的价值认同，从而促进消费者进一步融入时尚品牌和时尚社群。为此，本章以在线时尚品牌社区为对象，依据社会表征、社会资本理论，研究时尚表征对消费者融入的影响；并以共享价值为中介变量，研究三者之间的互动关系，探讨互联网环境下新的影响路径和机理。

本章的主要贡献在于：在理论层面上，对时尚表征进行了多维度探索，探寻了新环境下的时尚消费者融入路径和机理，通过在线社区的互动形成共享价值，从而进一步促进消费者的融入；在实证层面上，聚焦于时尚这一较有代表性的品牌类别，为企业的相关营销策略实施提供理论依据。

第二节　表征、共享和融入的概念界定

一　消费者融入理论

消费者融入（Consumer Engagement，CE）行为已经成为网络时代生活的一部分，但是消费者融入的概念内涵还不够统一，目前的表述有消费者融入、顾客融入。有学者认为消费者融入是一种特定环境下的心理状态，它导致了顾客授权、情感联结、信任、满意、忠诚和承诺（Brodie et al.，2011，2013）；也有学者从品牌角度指出消费者融入是一种品牌相关和情境依赖下的动机，其特征在于特定的认知、情绪和行为活动水平。在服务主导的逻辑下，消费者融入对自我品牌联结和使用意图有积极的影响作用（Hollebeek and Chen，2014；Hollebeek et al.，2014，2019）。有学者从企业的视角研究指出，消费者融入对公司的业绩具有正向影响，但是企业自己发起的融入行为会带来负面影响效果（Kumar et al.，2010；Kumar and Reinartz，2016；Beckers et al.，2018）。维维克等（Vivek et al.，2014）认为消费者融入可以由顾客发起或者企业发起，包含认知、情感、行为和社会元素，是一种超越顾客忠诚和购买的行为。本章探讨的消费者融入秉承目前认可度较高的含义，认为消费者融入包括顾客融入和潜在消费者融入，是一个广义的行为概念。

表6-1　消费者融入理论脉络

研究者	属性	环境	定义与评论
范道恩等（van Doorn et al., 2010）	行为	非交易	顾客对品牌或公司的行为表现，超越购买，由动机驱动
布罗迪等（Brodie et al., 2011）	态度/行为	交易/非交易	一种心理状态，通过与目标对象（如品牌）在焦点服务关系中的互动而共同创造的客户体验
霍利贝克（Hollebeek, 2011）	态度/行为	非交易	顾客在与品牌互动中，特定的认知、情感和行为活动
维维克等（Vivek et al., 2012）	态度/行为	交易/非交易	个人对组织或顾客原创的产品或活动参与和联系的强度；CE包含认知、情感、行为和社会因素
布罗迪等（Brodie et al., 2013）	态度/行为	非交易	CE导致联结和情感纽带、客户授权和客户忠诚度
霍利贝克等（Hollebeek et al., 2014）	态度/行为	非交易	消费者的品牌融入正向影响自我品牌联结和品牌使用意图
库马尔和雷纳茨（Kumar and Reinartz, 2016）	行为	交易	客户生命周期价值、客户推荐价值、客户影响价值和客户知识价值是CE框架的组成部分
潘萨里和库马尔（Pansari and Kumar, 2017）	行为	交易/非交易	提出一个概念框架，包括CE的前因和后果。区分CE的直接和间接贡献
贝克尔斯等（Beckers et al., 2018）	行为	非交易	公司发起的CE公告对股东价值产生负面影响

资料来源：笔者自制。下同。

　　消费者融入是一个多维度的概念（见表6-1），有学者认为消费者融入包括情感融入、认知融入和行为融入，而维维克等通过实证指出消费者融入的三个维度分别是意识关注、参与热情和社会交流。意识关注是当消费者对融入对象（产品/品牌/事件）有一定的了解后，开始有意识地关注相关对象，期待进一步的认知。进行深入的了解会使消费者产生更多的参与热情，参与热情将使消费者得到更深入的体验，并在参与过程中更多与具有共同喜好的参与者进行社会交流（Pansari and Kumar，2017；Jaakkola and Alexander，2014）。从过往文献对消费者融入的内涵分析和维度划分可以看出，消费者融入是一个反映消费者参与度的行为。因此，本书认为，消费者融入是消费者对目标对象情感、认知和行为的参与、浸入的强度，内在表现是情感、认知的认同，关注、参与等反应是外在行为表现。

二　共享价值

社会资本理论分为三个维度：结构维度、关系维度和认知维度（Nahapiet and Ghoshal，1998）。结构维度是指网络中成员之间的联系或互动所形成的人际关系网络（Chiu et al.，2011）；关系维度是指在长期互动中发展起来的人际关系，其重点是心理和主观关系（Sledgianowski and Kulviwat，2009）；认知维度是个体间在信息交流中所产生的共同兴趣、价值观和表达方式的体现（赵杨等，2018）。在网络社群中，认知维度指当参与者有共同的目标或价值标准时，或当他们与网络中讨论的各种话题的意见和观点相似时所形成的共同价值（Lin and Lu，2011）。线上的品牌社群是因为成员具有共同的兴趣和爱好而形成的趣缘群体。在趣缘群体中，他们拥有共同的符号认同和叙事传奇。社群里的成员通过互动形成较为紧密的社会关系，并达成一致化的认知，形成共同价值，对外则表现为共享价值。所以，在移动网络社群中，社会资本的认知维度表现为成员的共享价值。这种共享价值既包括物质价值的体验，也包括对符号等精神价值的深入挖掘共享。群体成员的互动性越高，越容易形成一致性的认同，形成共享价值。网络社群的参与者加入在线群体是为了共同的目的和价值，这些价值会影响他们继续参与该网络社群的意愿。网络社群上形成的信息越一致，用户继续参与网络社群的意愿就越强烈。如果一致性上升到建立共同的价值观，这将促使参与者进一步融入。

三　时尚表征

时尚是一种符号象征，它包含具有象征意义的文化体系，这种体系使时尚追求者能够区别于其他人，具有社会认同的功效，消费者追求时尚的最终目的，是追求时尚认同感、归属感等符号意义。还有观点认为，时尚是文化意义的物质再现或行为表现，文化意义是社会文化观念的潮流体现，这些蕴含社会文化观念的潮流会逐步渗透到社会的发展进程中，进一步改变社会群体的价值观念（Wolny and Mueller，2013）。时尚的流行是一个渐进的社会发展过程，但时尚现象和时尚行为常常通过产品形式来体现。通过商业宣传和市场推广，以时尚产品为依托的时尚风格开始逐渐被消费者接受。时尚能够流行或者被消费者认同是因为它能够给消费者带来感觉美观、唤起情绪、认知新奇、行为前卫的综合体验感受，这也是时尚不同于一般流行的原因（Miller et al.，1993）。流行是一种追随社会或消费潮流的羊群效应，是个体对群体的跟随。而时尚是个性的张扬和表达，是个体得到群体认同的反应，是一种引领和创新。从这些研究可以看出，时尚产品作为具有高度表现力的产品，它的象征意义比它的功能价值更重要（Veryzer，1995；Choi and Kim，2016）。但是从更具有现实象征意义的社会表征视角对时尚进行的研究较为少见。

第三节 简约与炫酷是时尚表征二重根

在研究时尚表征、共享价值和消费者融入三者关系之前,需要了解时尚的社会表征维度。因此本章首先运用多维度营销范式来探索时尚的社会表征维度。

一 初始条目的收集

笔者通过文献回顾收集到了57个时尚表征词语,分别由大学生、社会人士等32人填写下面开放式问卷。

根据给出的57个时尚词语,①请列出你认同的时尚词语;②写出上面未列出的时尚词语;③列出1、2题目中的时尚核心词语(没有这些特点就不是时尚);④列出时尚的外围词语(代表时尚的一些特点,缺失了并不影响时尚)。

根据问卷结果又整理出58个不同的时尚词语。针对115个词语,由中文、英美文学等相关专业老师进行归类,得到25个小类别词语,再请服装学院、艺术学院的时尚专业教师和学生进行焦点小组讨论,对语义相同、表达重复的词语进行合并,最终得到核心词语7项和非核心词语4项,共11项词语条目。

二 因子分析

根据11项词语条目形成七点量表问卷,针对包括学生、教师和社会人士在内的126人进行调研,对调研数据进行因子分析。

1. 信效度检验

对初始问卷进行KMO检验和巴特利特球形检验，KMO系数为0.855，大于0.5，巴特利特球形检验的 p 值为0.000，检验显著，表明问卷具有良好的结构效度。对问卷进行可靠性分析，克隆巴赫Alpha系数为0.862，大于0.7，说明问卷具有良好的信度（Fornell and Larcker，1981）。

2. 主成分分析

通过进行主成分分析，结合载荷图，共提取出2个因子，其中1个问项因为荷载系数低于0.5，予以删除，删除后总方差累计贡献率从63.075上升到了66.432，表明该项确实为冗余项。

3. 因子提取

通过方差最大化方法旋转得到1个核心因子、1个外围因子，共2个因子。根据所代表的意义内涵将绚丽的、张扬的、炫的、刺激的4个外围表征因子命名为炫酷表征，将创意的、大方的、精致的、简洁的、有型的、清新的6个核心表征因子命名为简约表征。

第四节　表征、共享和融入的三维互动模型

笔者本部分将以"刺激—机体—反应"（S-O-R）范式为基础构建模型，对时尚表征、共享价值和消费者融入三者关系进行探讨（Turley and Milliman，2000）。

一　研究假设

1.时尚表征和消费者融入的相关假设

由于网络的快速发展，目前大多数时尚萌芽于网络环境，并通过网络快速传播，形成时尚潮流。而时尚具有区隔作用，时尚表征可以把追求者与其他人群区分开来（Simmel，1957）。追逐时尚的消费者希望自己能够与非时尚消费者不同，能够标新立异和融入共同的时尚群体，被群体认同（Cho et al.，2015）。在社交媒体时代，由于消费者更多地通过网络终端与其他人进行交流，现实疏离感较强，因此需要更多的网络社交来使自己具有归属感，而时尚表征无疑是一个比较方便快捷的促进消费者融入社群的方式。

网络环境下的消费者融入形式多种多样，消费者在网络社区与共同的时尚追求者讨论、发帖、留言、点赞等都属于消费者融入行为。而每一个时尚表征都是社群里的一个重要话题，时尚品牌的每个流行线索都对消费者产生积极的影响，每一次的时尚潮流都会引起大量的发帖、留言等消费者融入行为。

鉴于此，本章提出以下研究假设。

假设1：时尚表征对消费者融入具有正向影响作用。

假设1a：简约表征对消费者融入具有正向影响作用。

假设1b：炫酷表征对消费者融入具有正向影响作用。

2.时尚表征和共享价值的相关假设

时尚表征作为一种刺激因素能够导致消费者的情绪反应。时尚的潮流效应对消费者购买时尚产品的动机具有显著影响（Bock et al.，2018）。共享价值不仅是产品质量和价格的权衡，而且包括社会和情感等非物质价值。消费者的身份消费动机分为内部动机和外部动机，内部动机注重个人内在情感，侧重于对情感价值的获得和品味，外部动机注重社会效应，更为注重社会认同和炫耀。时尚消费带来的内在愉悦感和外在社会认同能够影响消费者的社会和情感的价值，外在的社会价值是时尚消费者追求的主要价值，这种价值表现为价值的共享。因此，移动互联环境下的消费者在实际生活中被碎片化分割，所渴望的是社会化的交流和认同，这里的社会价值外化为共享价值。

鉴于此，本章提出以下研究假设。

假设2：时尚表征对共享价值有正向影响作用。

假设2a：简约表征对共享价值具有正向影响作用。

假设2b：炫酷表征对共享价值具有正向影响作用。

3. 共享价值和消费者融入的相关假设

消费者融入不同于体验和参与，是对产品、事件的全方位的感知和交流，被认为超越了购买行为客户关系，是一种终极价值，网络社群中的互动和交流会影响消费者的融入行为。也有学者认为，客户感知价值是一种核心的中介结构，与质量、感知到的利益和满意度无关，在品牌网络社群中，感知价值就是参与者的共享价值。在网络社群中，消费者通过互动形成共同的价值观，这些价值观又促使他们更进一步地融入社群。有学者指出消费者介入、信任、满意和感知到的共同价值是形成这种行为的前因，而忠诚等行为是消费者融入的后果（Leckie et al., 2018）。更有学者构建了消费者融入的过程模型，模型由沟通、互动、满意、保留、承诺、宣传和融入七个阶段组成，这七个阶段包括认知、情感和行为三个层面，反映了消费者融入从认知到情感再到行为的过程。而且，该模型还指出消费者融入是一个螺旋上升的过程，一个融入过程的结束，也是下一个更高水平融入过程的开始（Sashi, 2012）。

鉴于此，本章提出以下研究假设。

假设3：共享价值对消费者融入有正向影响作用。

4.共享价值在时尚表征和消费者融入之间的中介作用

时尚既具有区隔作用又具有社会认同作用，时尚追随者希望自己既与众不同又能成为追逐时尚群体中的一员，时尚是自我认同和社会认同的统一。时尚社会认同的表现形式是更有意识地关注时尚群体的社群活动，有较高的参与活动热情，以及与群体成员更多地进行社会化和类社会化交流。这些关注、参与和交流的前提条件是时尚消费者对时尚的认同，也就是时尚所表现的特性得到消费者认可，并给消费者带来较高的社会共同价值。

鉴于此，本章提出下述假设。

假设4：共享价值在时尚表征和消费者融入之间存在着显著的中介作用。

假设4a：共享价值在简约表征和消费者融入之间存在着显著的中介作用。

假设4b：共享价值在炫酷表征和消费者融入之间存在着显著的中介作用。

综合以上假设，本章的研究模型如图6-1所示。

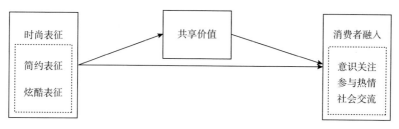

图6-1　时尚表征、共享价值与消费者融入关系模型

资料来源：笔者自制。下同。

二 概念操作定义和问项

在上述文献回顾的基础上，根据研究目的、研究模型和操作概念，依据成熟量表和具体场景，由相关专家学者讨论和小范围预调研，经数次修改形成最终调查问卷。调查问卷中时尚表征包括简约表征和炫酷表征10个题项；共享价值借鉴纳哈皮特（Nahapiet）等的共享价值共3个题项；消费者融入借鉴维维克等的消费者融入量表共10个题项。量表尺度皆为李克特七点量表。

三 数据收集与分析

1. 样本与数据收集

本章研究的是网络环境下的时尚表征对消费者融入的影响，研究对象是时尚消费群体，考虑到时尚电子产品的流行和普及，调研样本更多针对时尚电子产品的消费者，通过创建电子问卷页面，在消费社群建立链接，通过发放红包方式提高答卷率，共得到有效问卷469份。依据结构方程模型变量数与样本数比例为1∶15～1∶10的原则，469个的样本数基本符合样本要求。样本的具体结构如表6-2所示。

表6-2 样本结构

项目	子项	人数（人）	百分比（%）
性别	男	135	28.8
	女	334	71.2
年龄	18岁以下	7	1.5
	18～25岁	418	89.1
	26～35岁	15	3.2

续表

项目	子项	人数（人）	百分比（%）
年龄	36～45岁	23	4.9
	46岁及以上	6	1.3
受教育程度	高中及以下	9	1.9
	大专	145	30.9
	本科	275	58.6
	研究生及以上	40	8.5

2. 信效度分析

本章的信效度检验依据规范的检验步骤进行，先对各量表进行探索性因子分析，然后进行验证性因子分析和适配度、内部一致性信度、建构信度、收敛效度的检验。检验结果如表6-3所示。

对样本数据进行探索性因子分析，得到KMO值均大于0.7，巴特利特球形检验概率显著，表明量表内容效度良好。其中，消费者融入仍为意识关注、参与热情和社会交流三个维度，但根据实际意义对个别题项进行了调整。

为了使模型进一步简化，将关注、热情和交流作为一阶构念，而将消费者融入作为构念，构建二阶模型。进行一阶因子和二阶因子的验证性因子分析。

表6-3 因子比较

模型	卡方值	自由度	AIC	BIC	CFI	TLI	RMSEA
一阶模型	98.329	24	13513.291	13683.466	0.983	0.967	0.081
二阶模型	98.327	24	13513.291	13683.466	0.987	0.976	0.060

其中二阶模型软件分析的卡方值为64.997，不能进行似然比检验，需要校正，本模型校正因子为1.5128，所以二阶模型卡方值=64.997*1.5128=98.327。

从表6-3可以看出，二阶模型拟合要优于一阶模型，而二者在因子负荷方面没有变化，所以可以用二阶因子替代一阶因子（顾红磊等，2017；王孟成，2014）。二阶因子模型与路径见图6-2，其中FR1为简约表征，FR2为炫酷表征；SV代表共享价值；CE是二阶因子消费者融入，CE1是消费者融入的意识关注维度，CE2是参与热情维度，CE3是社会交流维度。

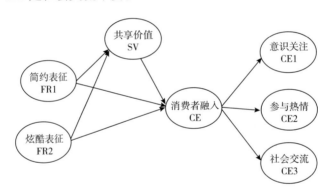

图6-2　二阶因子模型与路径

对各变量因子进行检验，得到克朗巴哈系数（Cronbach's α）均大于0.7，表明量表具有较好的信度。各题项因子载荷均大于0.5，各个变量的组成信度也都大于0.7，AVE值也均大于0.5，说明量表收敛效度良好，可以进行实证分析（温忠麟、叶宝娟，2011）。具体见表6-4。

表6-4　模型信度和收敛效度检验

变量	题项	因子载荷	Cronbach's α	CR	AVE
简约表征	A2	0.685	0.862	0.858	0.504
	A3	0.664			
	A6	0.709			
	A8	0.744			
	A13	0.797			
	A14	0.647			
炫酷表征	A18	0.833	0.882	0.886	0.662
	A19	0.771			
	A21	0.908			
	A25	0.731			
共享价值	B11	0.835	0.804	0.847	0.650
	B12	0.701			
	B14	0.873			
意识关注	C1	0.770	0.859	0.854	0.661
	C4	0.826			
	C5	0.842			
参与热情	C2	0.933	0.936	0.739	0.586
	C3	0.942			
社会交流	C6	0.800	0.927	0.931	0.730
	C7	0.826			
	C8	0.891			
	C9	0.912			
	C10	0.838			

区别效度常用的检验方法是，若变量的平均方差抽取量（AVE）平方根大于该变量与其他变量的相关系数，就表明该问卷具有较好的区别效度。从表6-5可以看出，不存在某对变量的相关系数值大于对应的AVE值，故此问卷区别效度良好。

表6-5 模型区别效度检验

	简约表征	炫酷表征	共享价值	消费者融入
简约表征	0.710			
炫酷表征	0.219	0.814		
共享价值	0.694	0.366	0.806	
消费者融入	0.491	0.459	0.536	0.922

3. 共同方法偏差检验

由于本章调研主要在华为荣耀、小米等时尚电子产品的社区和论坛进行，考虑到数据来源的同质性，有可能存在共同方法的系统性偏差，因此进行共同方法偏差检验。依据哈曼（Harman）单因子检验方法，通过SPSS降维非旋转因子分析，第1个因子解释变异量为41%，小于50%；同时运用Mplus进行单因子模型检验，CFI为0.533，TLI为0.488，RMSEA为0.170，卡方值＝3682.007*1.1505＝4236，适配度较差，与使用模型差异较大，不存在严重的共同方法偏差，可以进行模型分析（Podsakoff et al., 2003）。

4. 模型检验

本章采用Mplus进行模型路径分析和拟合检验。对样本数据进行拟合检验，表6-6是拟合结果和拟合指标值。从拟合结果可以看出，卡方值与自由度比、Tucker-Lewis指数属于可接受范围，比较拟合指数、近似误差均方根、拟合优度指数都处于好的范围，表明模型整体拟合度良好。

表6-6 模型拟合指数

指标名称	评价标准		模型拟合值
	可以接受	好	
χ^2/df	（3.0，5.0）	<3.0	4.37
CFI	（0.7，0.9）	>0.9	0.919
TLI	（0.7，0.9）	>0.9	0.894
RMSEA	（0.08，0.1）	<0.08	0.078
SRMR	<0.1	<0.08	0.058

模型标准化路径系数如表6-7所示。可以看出，时尚的简约表征和炫酷表征对消费者融入和共享价值均具有显著的正向影响作用，共享价值对消费者融入的正向影响作用也较为显著。

表6-7 模型标准化路径分析结果

假设	模型路径	标准化路径系数	p值	检验结果
假设1a	简约表征→消费者融入	0.252	0.000	支持
假设1b	炫酷表征→消费者融入	0.314	0.000	支持
假设2a	简约表征→共享价值	0.645	0.000	支持
假设2b	炫酷表征→共享价值	0.225	0.000	支持
假设3	共享价值→消费者融入	0.246	0.000	支持

本章对共享价值的中介效应进行分析，结果如表6-8所示，共享价值在简约表征和消费者融入之间，以及炫酷表征和消费者融入之间中介效应显著，中介效应假设4a和4b得到支持。

表6-8　模型中介效应结果

假设	路径	间接效应	p值	检验结果
假设4a	简约表征→共享价值→消费者融入	0.158	0.001	支持
假设4b	炫酷表征→共享价值→消费者融入	0.055	0.015	支持

根据路径分析效应分解原理，简约表征和炫酷表征对消费者融入的总效应等于直接效应加间接效应。简约表征对消费者融入的直接效应是标准化路径系数0.252，间接效应是中介结果0.158（见表6-8）。间接效应在总效应中占比为0.158/（0.158+0.252）=0.385，表明简约表征对消费者融入的影响有38.5%是通过共享价值起作用的；与此相同，炫酷表征对消费者融入的间接效应比为0.055/（0.055+0.314）=0.149，即炫酷表征对消费者融入的影响有14.9%是通过共享价值起作用的。

第五节　结论与启示

一　研究结果与讨论

本章针对新媒体环境下的重要现象和消费行为，即时尚表征和消费者融入，以共享价值为中介变量，构建结构方程模型，通过新媒体终端调研，得出下述结论。

时尚表征由核心表征和外围表征组成。核心表征根据意义测项命名为简约表征，包括创意的、大方的、精致的、简洁的、有型的、清新的6个测项，与中文原意的"经过提炼形成的精约简省，富有言外之意"的内涵和现代简约主义风格的"简单而有品位以及朴素而不寒俭，精美而不繁冗"的思想相契合，较好地体现了现代时尚的内涵。外围表征根据意义测项命名为炫酷表征，包括绚丽的、张扬的、炫的、刺激的4个测项，表达了时尚追求者希望自己与众不同的心理特征，是时尚的表象特征。炫酷表征由于其张扬绚丽等表现形式，经常被等同于时尚，而本章基于多维度营销范式的研究表明，简约表征是时尚的核心表征，追求内涵才是时尚追逐者的根本目的。

时尚表征对促进消费者融入和消费者共享价值的提升有显著的正向影响作用。时尚表征作为时尚的表现形式，会引起消费者特别是时尚追逐者的关注，进而带动追逐者的参与热情，使其参与到发帖、点赞等社会化、类社会化互动交流活动中。由于炫酷表征的表现更加外在化，简约表征的认知需要一个过程，所以在时尚表征对消费者融入的直接影响中，炫酷表征（0.314）要高于简约表征（0.252）。时尚表征代表的时尚属性会唤醒时尚消费者的认知，在进一步认知的过程中，消费者会依据社群的符号表征和品牌传奇形成共享价值。由于价值的形成是一个较为理性的过程，所以在影响力方面，代表时尚内涵的简约表征（0.645）要远大于时尚的炫酷表征（0.225）。

消费者共享价值的提升能够促进消费者融入，同时共享价值在时尚表征和消费者融入之间发挥显著的中介效应。本章证实共享价值对消费者融入有显著的正向影响作用，说明当共享价值提升时，消费者更愿意关注、参与各种活动和互动，具有更高的热情。进一步，时尚表征在直接影响消费者融入的同时，又通过共享价值传递对消费者融入的间接影响，共享价值在二者之间发挥中介效应。但是，与时尚表征对消费者融入的直接影响不同，时尚表征对消费者融入的间接影响需要把共享价值作为中介，而共享价值的形成是一个选择性认知的较为理性的过程，所以与直接影响相反，简约表征的间接影响（0.158）要远高于炫酷表征（0.055）。总的来看，简约表征对消费者融入的总效应要高于炫酷表征（0.410∶0.369），但起作用的路径并不相同，简约表征间接效应高，而炫酷表征直接效应高。

二　研究启示

本章的理论贡献主要表现在两个方面。一方面是对时尚这一消费社会的重要现象，基于社会表征理论，运用多维度营销范式，通过实证研究识别出了时尚的核心表征和外围表征，揭示了消费者追求时尚的真实目的。另一方面是对时尚表征对新媒体时代的重要现象——消费者融入影响作用的探讨。本章引入共享价值作为中介，通过实证发现时尚表征不但直接作用于消费者融入，而且通过共享价值对消费者融入发挥间接效应，是对消费者参与和共同创造价值理论的深入研究。

同时，本章具有重要的管理启示。鉴于时尚表征的特性，企业在追求产品、品牌时尚的过程中，应侧重于时尚表征的开发和建构，尤其是简约表征的建构，从而提高产品或品牌的共享价值。消费者融入是新媒体时代被认为高于消费者忠诚的行为，企业应该积极提供便利，为消费者提供融入的环境平台和良好的体验、感知，促进消费者形成共同的价值观，增加和提高消费者融入的深度和广度。

三　研究局限与展望

尽管本章力求严谨，但仍有诸多局限。一是本章主要局限于消费电子产品，虽然消费电子产品目前已经被公认为时尚产品，且本章多次对模型进行修改和分析，但结果普适性仍须进行进一步验证。二是关于时尚表征的研究，由于时尚表达的模糊性特征，在词语分析和合并的过程中不可避免地会出现一些偏差。建议相关的研究者在未来研究中扩大研究范围，在不同环境和文化地域下研究时尚表征和消费者融入的关系，并引入品牌观众和幸福行为等变量，拓宽时尚表征和消费者融入的研究范围。

第七章

消费者与品牌性别互动下老字号时尚化路径

本章选取了若干行业的 10 个品牌——好利来、优衣库、星巴克、小米、抖音、回力、全聚德、老凤祥、张小泉、张裕进行研究，其中后 5 个品牌为老字号，调研了 372 人，取得有效评测样本 2706条，其中男性被访者数据 1171 条，女性数据 1535 条，采用多元回归分析，分析了品牌的性别特性对品牌时尚的影响效应。研究发现：借鉴荣格"原型梦"的验证方法，"时尚"在所有品牌特征变量中最为鲜明，有原型性；品牌女性和中性气质对品牌时尚性的正向作用远高于品牌男性气质，消费者生理性别对此无调节效应，消费者气质性别和品牌类别仅对品牌女性和男性气质有调节效应，品牌中性气质不受影响，显示出稳定的强作用机制，老字号时尚性低于新品牌，主因在于其较弱的中性气质。本章利用生物演化的雌性选择理论和气质性别的复杂性差异解释了这一商业现象的生物和社会学基础。这为品牌时尚管理者提供了一个性别视角：营造时尚需要发挥和协同女性智慧。对老字号而言，提升时尚感宜添加女性与中性元素，调和其线性、硬朗、严肃的男性历史意象。

第一节　时尚是有性别的吗？

时尚和性别一直是社会学、文化学等领域的重要议题，所以，对二者关系的研究也集中在这些领域内并重点关注"应该是"之类的规范性命题。女性主义者和功能主义者认为时尚女装不仅物化了女性，而且是浪费和文化低级，服装应追求身体的自然性和功能性。但在后现代性主义者看来，自然和功能本身就是文化建构，一种文化中自然的身体形象和功能在另一文化中未必如此（Negrin，1999）。女性主义者对时尚的批判默认了装饰性等同女性的陈腐歧视，在自我矮化的同时无视了时尚的审美愉悦性。再如，对于流行文化中的"小鲜肉"时尚，传统意识形态认为是心理性别错置和对阳刚之气的腐蚀，女性主义者和消费主义者却将之视为女性审美地位的提高与折射，是消费与传媒的经济合谋。

对力求商业事实和绩效的现代营销学来说，这些充满价值原则的规范性论断没有什么意义，反过来还可能形成约束，即"应该是"的无意义性会弱化"是什么"的重要性，从而限制对时尚和性别间事实关系的研究。另外，由于服装同时具有生理属性和社会属性的普遍人类学意义，所以一开始就是时尚的理想载体（徐敏，2004）。二者几乎就是同义语，提到时尚，人们首先想到的就是服装。而服装具有强烈的性别特征，这就导致一种奇特的现象：尽管时尚产业边界不断延伸，但一旦论及时尚和性别的关系时，又难免回到服装或时装的传统。而仅就此狭窄视野来看，其营销学价值并不高。所以毫不奇怪，最新的相关文献依旧散布在社会学、文化学、设计学、艺术学、伦理学甚至文学等范畴内，导致营销学中考察时尚与性别关系的"是什么"的实证研究和"应该是什么"的规范研究同样匮乏。

一些社会学研究松解了时尚和服装的关系（史文德森，2010），扩展了时尚的性别逻辑。这集中体现在波德里亚的理论中，在后工业社会，生产让位于消费和符号，时尚就是一种典型的符号体系，它消解内容、超越道德，唯一目标就是通过强烈体验确证自我。时尚本身成了"性"，身体不过是载体和媒介（王晓升，2013）。如果说早期时尚属于女性和时装，那今天的时尚则属于每个消费者，因此整个社会女性化了（波德里亚，2006）。但波德里亚所谓的女性是仪式和符号的女性，是一种表演秩序，它提供了一个嘲讽的、游戏的和挑战的空间（金惠敏，2005），这个空间是为现代文明的副作用（快节奏、焦虑、孤寂及不确定性等）和城市生活匿名性准备的。他进一步说，在外貌游戏中女人比男人更内行，与其像女性主义者那样批评人工女性的化妆，不如认识到女人真正的力量在于对符号领域的精通（Negrin，1999）。波德里亚的观点是否仍隐藏着性别歧视无关宏旨，重要的是他对时尚持广义观点，将之从服装、身体中抽离出来，并赋予女性意象。另外，时尚的确成为当代现实生活的一种总体性机制和普遍逻辑：越来越多类别的产品和行业在追求时尚性、营造时尚感，家居家饰、汽车、地产、科技产品、餐饮等无不如此，无人可置身时尚之外。就像伽达默尔（2007）说的，康德所认为的做一个时尚的傻瓜总比做不时尚的傻瓜好完全正确，尽管太认真对待时尚无疑还是傻瓜。于是，在此双重背景下，跳出服装业局限来进行时尚和性别间关系的营销学讨论就很有必要了，社会学、文化学等领域的价值规范中所建立起的时尚和性别，尤其时尚和女性的关联是否存在于更广泛的行业和产品类别呢？鉴于品牌在当今营销学中占有重要地位且是时尚的商业载体，那么，从实证角度，品牌的性别气质怎样影响其时尚感呢？时尚品牌或者说品牌的时尚性是否表达着某种性别气质呢？从规范角度，为什么会存在这种关系呢？

第二节　品牌性别与时尚关系假设

一　品牌性别气质和品牌时尚性

品牌性别研究在国外学术界已被广泛开展。Grohmann（2009）将品牌性别定义为"有关品牌的男性化气质和女性化气质的个性组合"。在测量方面，Grohmann开发了"男性化、女性化、双性化和未分化"四维度量表对品牌性别气质进行测量和分类，Saliml（2013）专门针对男性品牌设计了沙文主义和英雄主义二维度品牌量表等，国内相关专题研究还很少，目前仅廖成林、杨恒（2007）基于汉语词汇和语境编制了品牌性别量表。

此外，品牌性别和品牌个性的研究框架非常类似，前者可看作后者的特例或变形——基于性别对品牌个性进行筛选和重排。所以，有学者认为可提取Aaker品牌个性量表的一些维度或子维度来表征品牌性别气质，如粗犷维度代表男性，教养维度代表女性；还有研究者赞同整合这两种量表（白琳等，2018）。综上，笔者将结合二者，测量并探索品牌性别气质与品牌时尚性之间的关系。根据前述社会学、文化学等领域的规范性价值判断，本章提出假设H1a：品牌的女性气质对其时尚性有正向影响。

无论是东方还是西方，无论是生物性还是社会性，男性气质与女性气质都有对立之处，故提出假设H1b：品牌的男性气质对其时尚性有负向影响。

心理学家荣格将男性心中的女性意象称为阿尼玛原型，将女性心中的男性意象称为阿尼姆斯原型，同时荣格把人的完整视为异性原则的体现，认为男性应从自身和内心寻找女性气质，女性也一样（荣格，2013）。女权主义作家伍尔夫在1929年写道："每个人都同时由男女两种力量支配，最正常、最适意的境况就是这两种力量和谐的时候，所以，伟大的灵魂都是雌雄同体的。"或许这预见了当下中性时尚时代的到来，从香奈儿的中性女装，到穿着苏格兰裙子的LV首席设计师Jacobs，中性气质的魅力越来越大。由此本章提出假设H1c：品牌的中性气质对其时尚性有正向影响。

二　品牌类别的调节作用

时尚代表当下一种新的潮流和风格，因此本身就含有对传统的超越，即所谓的"标新"（袁芃，2007）。凡勃仑（1964）认为，人们追求时尚就是因为它能带来新鲜感。坎贝尔（1987）指出，当代时尚已成功制度化，理所当然地要持续引入新元素，而无需其他文化理由。由此，我们将品牌历史纳入讨论，把样本品牌分成两类——老字号品牌和非老字号品牌，探索品牌类别的调节作用。由此本章提出假设H2：品牌类别对品牌性别和品牌时尚性间的关系存在调节效应。

三　消费者性别和消费者品牌性别偏好的调节作用

品牌个性和品牌性别均有一定程度的拟人化，学界围绕消费者与品牌在性别或个性上的关联做了很多研究探索。比如，消费者会自发地把品牌名称按性别进行分类，并对语法性别名称与典型用户性别相一致的品牌评价更高（Yorkston and de Mello，2005）。男女对品牌性别差异的信息感知有别：和女性比，男性消费者倾向于夸大男性化品牌和女性化品牌的差异；女性消费者易于接受男性化品牌延伸出的女性化新品牌，男性消费者则难以接受女性化品牌向男性化做出的延伸。当消费者性别认同与品牌性别不一致时，女性消费者相比男性消费者更容易购买并产生品牌忠诚和喜爱（白琳等，2018）。大体上，消费者倾向于喜爱与自我性别相接近的品牌，那么这会不会影响他们对品牌性别和品牌时尚性间关系的评判呢？

由此引入并探索消费者性别的调节作用。除了生理性别，本章还考虑消费者气质性别（自我感、性别认同），因为气质性别含义更加丰富和微妙，可以使研究细化，但舍弃了基于诸如贝姆性别角色量表（BSRI）（Bem，1974；卢勤、苏彦捷，2003）的被试性别气质自我评估方法，而测量被试对品牌性别气质的喜好，称为"品牌性别偏好"变量，因为偏好在这里只是调节变量，采用前者过多的评估条目（原始BSRI高达60条）将使本书的研究冗长而离题，还因为性别比个性更为敏感和私密，在我国集体文化背景下要求被试直接、真实评价自己的性别气质并不容易，"品牌性别偏好"不仅相当于前者的一种投射，而且可以将视角引向品牌从而绕过被试的心理防御。由此本书提出假设H3：消费者生理性别和气质性别对品牌性别和品牌时尚性间的关系存在调节效应。

至此，本章研究理路如图7-1所示。

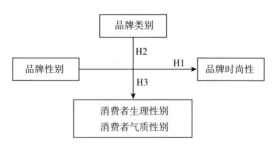

图7-1 品牌性别与时尚关系的假设模型

资料来源：笔者自制。下同。

第三节　品牌性别量表的生成与数据搜集

一　品牌选择

在品牌选择上首先避开性别分明的品牌及类别，如典型的男装、女装品牌，像九牧王、拉夏贝尔等，因为区分这些品牌性别的主要是产品及功能性本身，即标明、约定了男或女，而不是品牌气质，当然二者也是相关联的，但刻板印象显然会加剧被试对二者的混淆，比如不太可能指望被试去描述一个典型男装品牌的女性气质，这会强烈干扰相关的研究。更重要的原因是，明确区分性别的产品主要来自个人装束业和用品业，而除此之外的多数行业或类别的产品及功能本身并无性别之分，后者才是本章研究的重点。其次，不考虑很难用时尚去衡量的行业，如制药业、能源业、化工业等。最后，为提高应答率，选择高知名度品牌，同时考虑到跨文化性，纳入部分国外品牌。遵循上述原则，最终确定了多个行业的10个品牌：好利来、优衣库、星巴克、小米、抖音、回力、全聚德、老凤祥、张小泉、张裕。其中后5个品牌为老字号。优衣库、回力、老凤祥3个品牌虽属于个人装束业，但涵盖男女款，非单一、典型的男性或女性品牌。

二　量表设计

1. 品牌性别气质

表7-1　有关品牌性别气质的5种代表性量表

量表名称	男性气质	女性气质
Grohmann品牌性别量表	冒险/进取/勇敢/大胆/控制/牢靠	温情/脆弱/优美/敏感/甜美/体贴

续表

量表名称	男性气质	女性气质
廖成林品牌性别量表	雄心/阳刚/刚毅/豪放/帅气/稳重/强悍/力量/稳健/深邃/酷	典雅/美丽/芬芳/靓/温馨/妩媚/柔情/乖巧/优雅/柔美/淑女/清纯/娴静
卢勤修正BSRI	自立/坚毅/独立/武断/个性强/力量/判断力/领导/冒险/果断/立场/进取/竞争雄心	善感/悦人/忠诚/同情心/敏感/善解人意/怜悯心/关爱/热情/文雅/爱小孩/温柔
Aaker品牌个性量表	踏实/户外/男性化/结实/酷/强韧/安全/领导/大胆/可靠	精致/迷人
黄胜兵/卢泰宏品牌个性量表	义气/务实/权威/严谨/沉稳/负责/勇敢/威严/强壮/粗犷/果断/奔放/体面/气派	温馨/家庭/浪漫/美丽/端庄

注：Aaker和黄胜兵/卢泰宏品牌个性量表先按语义保留性别相关的条目，再按男女分开；其他三个均为原始量表，仅个别条目表述略做调整。

资料来源：笔者自制。下同。

Caprara 等（2001）的实验指出使用品牌个性量表评测品牌性别是不准确的，Grohmann否定了贝姆的性别角色量表（BSRI）测量品牌个性或性别的适用性，转而开发了品牌性别量表，表7-1却表明这些量表在内容上并无本质差异。谨慎起见，本章先从表7-1各量表男性气质、女性气质中分别随意抽取一个词条构造试验量表，共计10个条目，具体为：男性气质——"冒险、领导、力量、果断、义气"，女性气质——"敏感、精致、乖巧、温柔、美丽"。然后做小样本（12人）预测试，方法为让被试对本章研究的10个品牌和每个描述语的符合程度打分，采用5级评分制。测试结果呈现过度的趋中效应，评分值为3（不确定）的选项总数占比高达74%，尤以男性词条为甚，仅"精致"一个词条显著不趋中。因为样本较小，研究团队对多数被试进行了回访。大多被试表示难以将描述语和品牌相关联，度量困难。虽然可能存在评分者本身因素的影响，但还是在一定程度上提示了上述量表的适用性问题。

阅读BSRI之外量表的源文献后发现：①除自由联想生成初始词条外，其他量表均大量借用了人格量表词汇，如Aaker（1997）借用了人格心理学量表和营销人格量表，Grohmann在BSRI外还借用了Spence等的个人属性调查和Burke等的男女特征指数；②Aaker（1997）和黄胜兵、卢泰宏（2003）的问卷均采用了高度拟人化的方式，即"to think of each brand as if it were a person"，并举例"你可能会认为百事可乐是一个'年轻的、活泼的、刺激的、喜爱运动和音乐的'人"；③Grohmann选择对不同类别产品中的典型男性和典型女性品牌进行研究，如万宝路（男士香烟）和维珍妮（女士香烟），欧仕派（男士香水）和Tommy Girl（女士香水）等；廖成林选取了最具男性气质和最具女性气质的服饰品牌。这三点决定并掩饰了上述量表过度人格化、忽略品牌"物"的一面的事实（当然BSRI本身就是人格量表），虽然品牌个性和性别研究以顾客认知为基础因而是拟人化的，但对"物"的过分忽略很可能导致实用性不足。这显然是立场和视角问题：消费者并不习惯主动用那些词语去描绘品牌，研究者和厂商才会这么做。测试量表中的"精致"一词为人们提供了反证——它既可以形容人也能描述物。

鉴于上述量表的代表性，而本章并不打算开发新的品牌性别量表，所以，仍以上述量表为蓝本，从中析取并优化能同时表达人和物的条目，又因本章刺激物多达10个知名品牌，故须控制词条数量。在此原则下，笔者邀请3名专业同行进行语义分析和筛选，确定了7个品牌性别测量根词条：朴实、男子气、庄重（深沉）（男性）；优雅、精致（女性）；可爱、酷（中性）。汉语中"男子气"有特殊的丰富的褒义，且不限于描述人，近义的"男性化""男子汉"过分人格化；"可爱"一词现被赋予很多新意，有萌、幼稚、宠、天真、琐碎、娇弱、好奇、纯洁等含义，偏女性但有时也被用于表达男性气质，可描述物品；"酷"则有刻意、冷、刺激、另类等新意，偏男性而略带女性气质，亦可用于物品。这7个词条间语义区分良好。

2. 品牌时尚性

和其他品牌个性相比，时尚有许多特殊之处。第一，时尚有深刻的社会属性。齐美尔将之视为自上而下的阶层区隔和创新模仿（齐美尔，2003），布尔迪厄认为时尚是社会场域中的集体性文化互动与选择（朱伟珏，2012），布鲁默在细致研究后认为时尚是一种基于集体品位的集体选择的过程，新时尚不仅与旧时尚相关，而且与以后出现的时尚相关，具有历史延续性和集体无意识性。第二，尽管形式上变幻无常，时尚本身却并无实质内容。它崇尚独特与个性，又讲求群体和趋同，往往在追随和模仿中很快消退，又不失为当下经典；它和美有关，有时又无视美，转向另类甚至"丑"；它反叛传统却也经常怀旧。所以时尚只有象征和符号意义，象征本身就是内容。第三，时尚是一种普遍性动机和需求。它无法被颠覆，因为它本身就是种颠覆，比如牛仔裤曾用来颠覆时尚，结果反而成了时尚。

集体无意识性、象征性和普遍性使得时尚性更接近于一种品牌原型，连接着消费者深层的生物性及社会性动机和欲望。品牌原型理论认为品牌原型的首选信息认知加工方式是类别化的，即消费者根据原型高度抽象和整体感知品牌并归类，然后才可能对其各属性进行评判，和零碎加工的分析性属性—认知模式正相反，效率也更高（蒋廉雄等，2010）。经验和常识表明时尚具有类似认知模式：不同于"质量、安全、可靠性"等属性，人们往往在瞬间就能对某个品牌或商品的时尚性做出评判，甚至完全是下意识的。基于此，本书认为时尚性是消费者对品牌的一种整体性、类别性意象和感知，所以，对"品牌时尚性"不再像"品牌性别"那样遵照属性—认知的传统多维度方式进行测定，而只用单一词条"时尚"直接测量。

3. 数据收集

为降低心理防御，在问卷标题、调查目的及内容中均不出现"性别"字样，代之以"个性"，并将测量根词条乱序排列。

先是测量"品牌性别偏好"。将7个性别测量根词条调整为4个男性气质描述语——"朴实、庄重（深沉）、力量、豪放"和4个女性气质描述语——"优雅、精致、美丽、温柔"，采用投射技术，要求被试从上述8个品牌"个性"描述语中限选4个自己喜欢的品牌个性，依被试选择词条的多寡量化其品牌性别偏好。此次调整去掉中性气质词条"可爱、酷"和性别色彩过强的"男子气"，因此时未面对具体品牌，不涉及具体"物"的联想，所以增加词条"美丽、力量、温柔、豪放"，这与前述试验量表及分析并不矛盾。

问卷主体部分为矩阵题型，采用六点评分模式，要求被试从"非常不同意＝1"到"非常同意＝6"评价每个品牌与"朴实、男子气、庄重（深沉）、可爱、酷、优雅、精致、时尚"量表根词条语义的符合程度，共10个品牌矩阵题。有研究证实，实际使用体验并不像品牌定位理论认为的那样无足轻重，而是能够显著影响品牌认知（张会锋，2013）。所以，调查允许被试跳过非常不了解的品牌题目，尽管刺激物都是高知名度品牌。

正式调查问卷一部分借助"问卷星"平台发放，一部分在万达广场做现场拦截访问，还有少量数据由某公司沙盘培训班进行采集。考虑到"时尚"的含义以及词条认知要求，发放对象主要是年轻人，重点面向大学毕业后工作一年以上人士。问卷于2018年7月至11月集中发放并在2019年进行了补充，共调查372人。由于允许被试跳答不熟悉的品牌，所以不同被试作答的题项数量不尽相同，最终取得有效评测样本数2706条，其中男性被访者数据1171条，女性数据1535条。

第四节　品牌女性和中性气质成时尚主流

一　信效度分析

由于根词条源自权威量表，其中廖成林品牌性别量表等3个基于国内语境和被试编制，我们虽对其进行了调整，但并未完全脱离，所以表面效度和内容效度基本满足。

信度分析如下：性别根词条Cronbach's系数为0.812；为考察被试认知稳定性，计算折半信度，两部分独立的系数分别为0.657和0.712，其相关系数为0.704，斯皮尔曼－布朗系数为0.829。

因子分析（KMO统计量为0.79，球形检验p值<0.001）结果见表7-2。方差累积贡献率为75.77%，因子载荷分布和理论预设基本一致，仅"庄重（深沉）"词条有出入。但从本量表同时考虑品牌人格化和物化的设计思路看并不奇怪，所以结构效度满足。公因子分别命名为"传统女性""现代中性""传统男性"气质。

表7-2　因子分析主要结果

变量	品牌性别			变量共同度
	传统女性	现代中性	传统男性	
朴实			0.873	0.772
优雅	0.834			0.751
男子气			0.706	0.675
可爱		0.862		0.810

续表

变量	品牌性别			变量共同度
	传统女性	现代中性	传统男性	
酷		0.848		0.824
精致	0.813			0.783
庄重（深沉）	0.754			0.690
贡献率	29.751%	25.320%	20.695%	
特征根	2.083	1.772	1.449	

二　描述统计

表7-3　各变量值及相关系数

	均值	标准差	偏度	峰度	朴实	优雅	男子气	时尚	可爱	酷	精致	庄重（深沉）
朴实	3.819	1.318	−0.416	−0.484	1							
优雅	3.806	1.237	−0.306	−0.419	0.22	1						
男子气	3.190	1.208	0.122	−0.363	0.39	0.28	1					
时尚	4.001	1.198	−0.422	−0.119	0.131	0.564	0.325	1				
可爱	3.240	1.208	0.145	−0.381	0.247	0.379	0.373	0.521	1			
酷	3.470	1.238	−0.021	−0.510	0.240	0.404	0.473	0.627	0.662	1		
精致	3.931	1.220	−0.370	−0.235	0.136	0.639	0.245	0.565	0.439	0.470	1	
庄重（深沉）	3.477	1.270	−0.086	−0.567	0.250	0.523	0.424	0.338	0.334	0.368	0.518	1

"时尚"变量的均值最大（做匹配样本t检验，高于所有其他变量的均值），而标准差最小（F检验在0.05的水平上小于除"可爱、男子气"外所有其他变量）、峰度系数最高而偏度系数最低，说明其数据相对最为集中和一致。荣格将源于集体无意识的梦称为"原型梦"，梦的主题往往不常见，如追赶或攻击、飞行、跌落等，伴随强烈的情绪体验，印象深刻鲜明。一些研究者对此进行了验证，比如Kluger研究了218个人的梦后发现，在鲜明的梦中有65%是属于

原型式的；Douglas 和 Donderi 发现在697个梦例中有64%最鲜明的梦是原型式的（费涛，2010）。以此推论，可以认为"时尚"变量在这里是最鲜明的，最易为被试所识别和感知，具有原型意义，由于表7-3中变量排列顺序为实测矩阵题变量顺序，"时尚"编排于其他词条中间而未予任何特殊提示，从而强化了本推论。

三　主效应回归分析

以时尚为因变量，分别以7个品牌性别根词条和3个因子得分为自变量做两种逐步回归，结果如表7-4。

表7-4　主解释变量回归

回归	自变量	回归系数	决定系数 R^2	$\triangle R^2$
回归1	酷	0.366 （0.000）	0.393	0.393 （0.000）
	优雅	0.290 （0.000）	0.508	0.116 （0.000）
	精致	0.195 （0.000）	0.528	0.020 （0.000）
	庄重（深沉）	−0.087 （0.000）	0.533	0.005 （0.000）
	可爱	0.105 （0.000）	0.538	0.005 （0.000）
	朴实	−0.067 （0.000）	0.542	0.004 （0.001）
	男子气	0.034 （0.000）	0.542	0.001 （0.037）
回归2	现代中性	0.645 （0.000）	0.290	0.290 （0.000）
回归2	传统女性	0.553 （0.000）	0.503	0.213 （0.000）
	传统男性	0.059 （0.000）	0.505	0.002 （0.000）

注：括号内数字表示显著性水平。

回归1中，"庄重（深沉）、朴实"两个变量回归系数为负值，但由于其和相应的简单相关系数符号相反从而提示共线性的存在，所以只能对H1b提供较弱的支持。决定系数和回归系数显示，表征男性气质的自变量在回归1和回归2中解释力都很弱，传统女性和现代中性的自变量解释力则要强得多，这在回归2中表现得更明显，"传统男性"变量的ΔR^2仅为0.002，远小于另两个变量的影响。传统男性的正向影响有两种解释：第一，男性和女性气质并不完全对立或矛盾，而有独立之处，两者可同时施加同向影响；第二，就像Aaker（1997）所说的，其只设计了褒义用语和正面特征而不考虑贬义用语和负面特性，比如粗暴、幽怨等（其他品牌量表也大抵如此），故很难出现负的相关性。就此而言，决定系数和回归系数的大小比回归系数的符号更有意义，从而证实了H1a和H1c，并间接支持了H1b。

四　调节效应分层回归

在主效应因子回归的基础上，依次加入调节变量"品牌类别"、"消费者性别"和"消费者品牌性别偏好"，依其和主自变量的交乘项分析调节效应（具体见表7–5）。前两个变量均为二分类的，赋值规则为0＝非老字号，1＝老字号，0＝男性，1＝女性。"消费者品牌性别偏好"为五级序次变量，按女性气质偏好程度由低至高赋值，即1＝最低，5＝最高，故做中心化处理。

表7–5　品牌时尚性的分层回归

变量类型	变量名	模型1	模型2	模型3	模型4
主自变量	传统女性	0.553 （0.000）	0.521 （0.000）	0.541 （0.000）	0.547 （0.000）
	现代中性	0.645 （0.000）	0.586 （0.000）	0.584 （0.000）	0.587 （0.000）

变量类型	变量名	模型1	模型2	模型3	模型4
主自变量	传统男性	0.059 （0.000）	0.058 （0.003）	0.063 （0.018）	0.057 （0.040）
调节变量1	品牌类别		−0.392 （0.000）	−0.386 （0.000）	−0.386 （0.000）
交乘项	类别 × 传统女性		0.150 （0.000）	0.146 （0.000）	0.148 （0.000）
	类别 × 现代中性		−0.006 （0.861）	−0.006 （0.859）	−0.005 （0.893）
	类别 × 传统男性		0.073 （0.030）	0.083 （0.016）	0.078 （0.023）
调节变量2	消费者性别			0.088 （0.006）	0.078 （0.025）
交乘项	性别 × 传统女性			−0.035 （0.282）	−0.054 （0.113）
	性别 × 现代中性			0.002 （0.954）	−0.005 （0.876）
	性别 × 传统男性			−0.016 （0.616）	0.005 （0.879）
调节变量3	消费者品牌性别偏好				0.018 （0.354）
交乘项	偏好 × 传统女性				0.041 （0.035）
	偏好 × 现代中性				0.016 （0.394）
	偏好 × 传统男性				−0.039 （0.045）
常数项		4.001 （0.000）	4.158 （0.000）	4.106 （0.000）	4.111 （0.000）
R^2		0.505	0.530	0.531	0.533

1. 品牌类别调节效应分析

由模型2可知，老字号时尚性显著低于非老字号，并且品牌类别对品牌女性气质和男性气质有调节效应，对品牌中性气质则没有，即相较于非老字号，老字号品牌的女性和男性气质对其时尚性的影响更大。其原因在于，此处的女性和男性气质在语义上较为传统，更接近老字号意象。另外，老字号的印象被长期固化，对于性别气质的变化更为敏感。基于此，笔者依品牌类别对数据进行分割，进行事后简单效果检验，如图7-2所示。老字号组女性和男性气质拟合线的斜率均显著大于非老字号组，中性气质则差异不大。图7-2右下角分组列示了3个主自变量的均值和标准差，老字号组的女性和男性气质均值皆显著大于非老字号组，中性气质正相反。三个因素共同导致了老字号的低时尚性。第一，品牌男性气质解释力非常小（图7-2中男性气质拟合线的决定系数分别只有0.0113和0.0032），从而抵消了老字号在男性气质上的优势。第二，老字号的中性气质远低于非老字号，由此，我们分别用两组主自变量均值1个标准差代入模型2，在不考虑截距的情况下作"低—中—高"3种因变量估值。

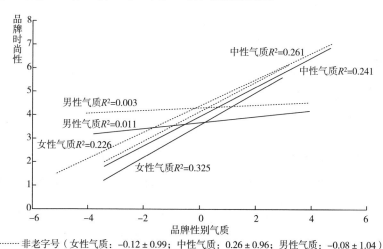

图7-2　品牌类别调节效应简单效果分析

非老字号 $Y_{时尚}$ = 0.521 × (-0.12 ± 0.99) + 0.586 × (0.26 ± 0.96) + 0.058 × (-0.08 ± 1.04)

老字号 $Y_{时尚} = 0.671 \times (0.17 \pm 0.99) + 0.58 \times (-0.39 \pm 0.93) + 0.131 \times (0.12 \pm 0.92)$

结果分别为 –1.05 > –1.41、0.088 > –0.096、1.226 < 1.227，除高值比较老字号略占优势（斜率优势）外，其余均较低，若考虑截距（分别为 4.14 和 3.75）则全处于劣势。第三，两两对比，老字号组拟合线截距均较小，表明在不考虑主自变量情况下，老字号时尚性具有内在劣势，可将之称为历史或刻板印象——过去的、老的而不是新的，所以人们直觉上可能先对其时尚感打折扣，就像阿多诺（1998）认为的，Rimbaud "必须绝对现代" 的宣言，表达了人们对陈旧和司空见惯之物的无意识厌恶。

2. 消费者品牌性别偏好调节效应分析

模型 3 表明，女性比男性倾向于对品牌时尚性给出较高评价，但消费者生理性别对品牌性别和品牌时尚两个变量之间的关系并无调节作用。模型 4 显示，消费者品牌性别偏好在品牌女性和男性气质上有调节效应，在品牌中性气质上则没有。由于消费者品牌性别偏好是消费者气质性别的映射，所以就是：消费者气质越女性化，越增强品牌女性气质对时尚性的影响，而越减弱品牌男性气质对时尚性的影响，反之亦然。这种调节本身符合一致性常识从而平淡无奇，关键在于，和品牌类别的调节作用相比，消费者气质性别调节效应很低，其 R^2 的贡献只有 0.002，前者则为 0.025，所以 H3 仅得到部分或较弱的证实，但这恰恰证明了品牌性别变量主效应的稳健性——消费者生理性别及气质性别均不对其构成大的扰动，换言之，H3 的弱支持为本章研究的核心 H1 提供了强支持：无论男性还是女性消费者，也无论消费者气质偏向于男性还是女性，都认可品牌性别对品牌时尚性的基本影响模式。

第五节 生物学启示：放松男性气质有利于老字号的时尚化

一 本章价值和规范性讨论

社会学和文化学等领域对时尚与女性的关系赋予了颇带歧视的价值规范，而本章研究表明，在跨越产业类别、品牌类别、消费者性别的广泛视角下，品牌女性气质以及中性气质都对品牌时尚性有显著正影响，尤其是品牌中性气质不受所有调节变量的影响，具有很强的情境性和很大影响力，而品牌男性气质只有非常弱的影响力。如果把男尊女卑视为价值体系的传统规范，那么从商业和市场的实践层面来看，这种歧视性规范在现代时尚面前已经完全失灵并丧失了约束力。原因何在呢？

尽管许多学者强调时尚的社会性而贬斥生物学观点，但当将之视为一种关乎性别的、具有原型意义的概念时，诉诸生物学讨论并不为过。

管理学家马奇（2010）有个奇特观点：有趣的女人比男人多，因为女性小时候被大人允许行为可以无正当理由，可以撒娇、难以捉摸、行为不合逻辑，上学后又要求女性有教养，行事须一致、合逻辑，总之发展出一套复杂的价值系统；而男性从小到大都被要求一致、坦率、合逻辑。时尚和艺术一样遵循非线性、非进化的循环逻辑，它只是变化的，比如挖洞牛仔裤时尚，不是它进步了，只因为它以前是不挖洞的，因此复杂的女性气质比线性的男性气质更能表征时尚。现代中性气质的强解释力进一步表明，时尚对性别气质的复杂性正向敏感，因为中性气质并非传统男女气质简单相加，而是某种微妙融合，蕴意丰富，就像"酷"和"可爱"那样。

新近生物学研究提供了演化性启示。Fisher（1930）的雌性选择理论认为，雄性产生巨量精子，策略是寻求更多交配机会，雌性仅产生相对很少的卵子，策略是寻求更优质的雄性，因此，雌性对雄性更挑剔、性选择强。运用这一理论研究者分析了长鼻类大型哺乳动物的异时进化现象：在第一阶段（中新世），具有进步特征（脑颅隆起和鼻骨退缩）的雄性易被雌性接受，雄性的这种特征在演化中被保留，并领先于雌性，雌雄差异大，对应着繁荣期；等到了上新世和更新世，雌性也获得了这种特征，对雄性的性选择随之降低，雄性相对于雌性不具有特征优势，种群失去了统一演化方向，繁殖能力降低。此现象也存在于其他哺乳动物中，如现生的马科、犀科、长颈鹿科等衰落类群，雌雄差异小、繁殖困难，而现生鹿科、牛科等繁盛类群雌雄差异大（Wang and Deng，2016）。由此类比：人类文明早期阶段，力量、强壮等男性特征和气质受到女性青睐，并演化延续，男女差异大；随着工业、科技时代的到来，身体力量的吸引力开始落后于知识，但教育上的优先权弥补了男性，使其继续领先于女性，男女差异仍很大；等到了后工业时代，女性在教育和知识上追上了男性，典型男性气质随之失去吸引力，细腻、敏感成为精细现代生活和工作不可缺少的品质。就像Barker认为的，当可以标举男性特质的传统"硬性"产业，如钢铁工业等风光不再，性别危机自然愈益凸显（Barker，2003），全球性的低生育率为两性差异的缩小提供了证据。

这种类比当然有缺陷，因为人类演化的复杂性远超其他哺乳动物，但这种类比提供了新视角。当人们不再一味从男性立场评价女性气质，转由女性立场看待男性气质时，答案也许更清晰：男性对女性的审美要求变化不大，反之，女性的要求却变了。这提示我们，时尚与性别间的关系具有生物和社会互动性，营造时尚不只是在品牌图形、字体、发音、代言人等可见层面进行性别调整，更重要的是全面发挥和协同女性智慧，不单是女性管理者本身的平等和参与，还需要男性管理者吸收女性智慧和思维。

当时尚不断打破制度和等级界限，性别作为首要的被颠覆对象和时尚愈益紧密，但这并非要消除性别差异，比如男性气质虽然解释力很小但并没有被人们的研究排除，而是戏剧化男女之间的传统对立，使差异微妙化、琐碎化（Svendsen，2006）。对中国老字号来说，提升时尚感宜适当减弱传统、严肃的男性历史印象，调和传承或继承的道德压力，添加女性和中性气质。

二　不足与展望

考虑到可能存在的响应误差，在品牌类别数量和品牌性别描述词数量间本章侧重了前者，而限制了后者，所以可能存在品牌性别测量覆盖不全的风险，但诸有效回归模型最小的决定系数已达0.5，这种风险对研究可靠性影响不大。

本章立足于基础概念和理论进行研究，未来可拓展更多研究内容。比如本章在理论上把时尚视为一种品牌原型，随后在描述统计中借鉴荣格"原型梦"予以验证，但这并不充足而有待于深化，所以本章并未将之作为正式假设提出，仅做一种理论探讨，未来可运用心理学、行为学等理论进一步研究如何在实践层面管理品牌的性别，如何管理作为一种品牌原型的时尚性，怎样在管理理念和操作化两个方面建立品牌性别和品牌时尚的联结。

第八章

消费者与品牌行为互动下老字号时尚化路径

　　老字号品牌仪式是老字号品牌文化传承的方式之一。在参与老字号品牌仪式的过程中，消费者能够感受到文化的传承与魅力。老字号品牌仪式可以帮助提高消费者的情感体验，促进消费者认同，形成老字号品牌的终极价值：提升消费者幸福感。本章通过问卷调查收集数据，对251份问卷调研数据进行整理分析，研究老字号品牌仪式对消费者幸福感的影响，探讨情感能量和消费者考虑集在品牌仪式对幸福感发挥影响过程中的调节机制。研究结论如下。第一，老字号品牌仪式能够给消费者带来幸福感。它通过建立与消费者的仪式化互动，在互动过程中激发消费者对老字号品牌传统文化的认同与自信，同时产生对品牌的激情与亲密感觉，强化消费者的情感体验，提升消费者幸福感。第二，情感能量与消费者考虑集的中介效应。情感能量的亲密性与激情维度，对老字号品牌仪式和幸福感的中介效应显著，可以看出老字号品牌仪式能够通过影响消费者的亲密性与激情影响消费者的幸福感；另外，消费者考虑集对老字号品牌仪式与幸福感的中介效应显著，显示老字号品牌仪式可以通过影响消费者考虑集影响消费者幸福感。第三，情感能量与消费者考虑集形成双重中介效应。情感能量的亲密性维度和激情维度作用于消费者考虑集，消费者考虑集再对老字号品牌仪式和幸福感形成中介效应，说明老字号品牌仪式可以作用于情感能量，情感能量再次作用于消费者考虑集，再由消费者考虑集对幸福感做出影响。基于此调研报告结论提出老字号品牌的发展与传承的启示。

第一节 仪式、考虑集与消费者
幸福感的现代关系

随着社会经济的发展、物质产品的极大丰富，消费者对消费产品不仅看重物质需求的满足，更加注重精神体验与个性化、差异化的风格样式。同时，移动互联网的繁荣发展为消费者的差异化消费提供了信心与正向反馈，促进亚文化的形成。在不同的亚文化圈层中，仪式是联结圈中成员的重要纽带，更是传达品牌文化的关键要素（汪珍，2020）。

在仪式受到越来越多人重视的时候，越来越多的品牌开始注重产品的仪式化营销，品牌仪式的概念由此产生。品牌仪式是品牌与消费者互动中具有仪式化色彩的行为，通常需要消费者实际参与，传达品牌文化、产品信息，建立与消费者之间的长期顾客关系（冉雅璇、卫海英，2017）。例如果粒橙的"喝前摇一摇"、德芙的"下雨天巧克力和音乐更配哦"、奥利奥的"扭一扭、舔一舔、泡一泡"，这些仪式化的行为并不会为产品本身带来不一样的体验，而是在进行仪式化行为过程中，其会影响到消费者的情感，带给消费者不一样的体验，提高其品牌忠诚度（卫海英等，2020）。另外像海底捞的拉面表演，在这个拉面的仪式过程中消费者收获的是远超于"面"这一产品本身的价值体验，更多的是良好的情感体验（薛海波，2015）。这些体验对消费者产生的正面或负面影响，都会影响他们与品牌的关系以及以后的购买决策（郑玲等，2017）。

老字号是指历史悠久，拥有世代传承的产品、技艺或服务，具有鲜明的中华民族传统文化背景和深厚的文化底蕴，取得社会广泛认同，形成良好信誉的品牌。对于老字号品牌来说，其品牌仪式是其文化的传承与延续，相较于一般品牌的品牌仪式，老字号品牌仪式不仅给消费者带来丰富的情感体验，而且强化了消费者的文化认同。在参与老字号品牌仪式的过程当中，消费者首先感受到的是中华传统文化，基于对传统文化的认同与自信，消费者会对此品牌产生亲密性、激情等情感，这些情感会给消费者带来一种特别的欣喜和愉悦，形成幸福感（卫海英等，2018；徐鑫亮等，2018）。

幸福感有主观幸福感和心理幸福感之分。由于本章主要研究消费者的主观感受，因此本章关注的幸福感以主观幸福感为主。主观幸福感是诸多因素积极影响个体自身存在与发展状况的一种心理体验，它不仅反映人们自身的身心健康，还反映了人们的享有状况，这里所讲的"享有"指的是人们在基本生活得到满足的基础上所产生的积极心理体验，相当于享乐主义幸福感所讲的身体和感官需要的满足（陈瑞霞、周志民，2018）。主观幸福感包括享乐幸福感和实现幸福感，是指人类基于自身的满足感与安全感而主观产生的一系列的欣喜与愉悦的情绪（邢占军，2002）。当消费者在参与老字号品牌仪式行为的过程中感受到了幸福，说明消费者在消费此品牌时，精神与情感得到了满足（卫海英、毛立静，2019）。在这个过程中，消费者不仅消费老字号品牌产品的功能价值，更多的是为其带来的精神文化层面上的价值买单。所以老字号品牌仪式化行为，不仅可以实现品牌推广和传播，更能实现对传统文化、传统工艺的传承与发展（何佳讯，2008）。另外，在社群化营销的背景下，人与人之间的分享是极其重要的一环，当消费者在某个品牌的消费行为中感到幸福时，消费者会对此品牌产生认同感，从而加深对品牌的印象与提高信任度。他们会乐意将自己的消费经历分享给自己所处的、与自己具有相同需求的人或者社群，从而实现品牌影响的扩大与传播（薛海波，2021）。

考虑集最早于1963年被著名学者 Howard 提出，Howard 将考虑集界定为"被消费者纳入购买决策选项的仅有的几个品牌的集合"，它在消费者购买决策过程中起着至关重要的作用，因为产品或品牌只有被消费者纳入考虑集，才有可能被消费者最终购买（王晓玉、晁钢令，2005）。消费者在作购买决策时会经历两个阶段：第一阶段是形成考虑集，消费者在有购买需要时会被自身先入为主的体验以及他人的反应影响；第二阶段是在考虑集内作出购买决策，最终的购买行为会在这个过程中产生。如同人们在进行网络购物时会选择自己习惯用的品牌或通过浏览评论形成一个考虑集进而从中选择产生决策行为。消费者考虑集的形成受众多因素如品牌类别、消费者态度、时间段、品牌知名度等的影响，消费者使用一个品牌越久，就越会形成偏好，进而使消费者考虑集的范围就较小（Zhang et al.，2010；Hu et al.，2008；Suh，2009）。考虑集会缩小消费者的选择范围，影响情感能量的耗散。考虑集都是消费者自己喜欢的产品和品牌，有利于消费者在愉悦的状态下做出选择，带来幸福感受。

综上所述，本章将以老字号品牌仪式为视角，围绕老字号品牌仪式、情感能量、消费者考虑集与幸福感展开调查，通过分析调查数据，得出老字号品牌仪式与幸福感的相关结论。

第二节　老字号与幸福感的二维研究视角

一　调研目的

本章结合老字号品牌与幸福感这两个时代话题，从老字号品牌仪式的角度分析老字号品牌对幸福感的影响。随着社会经济发展、人民生活水平提高，人们的需求更加转向了精神需求，在激烈的社会竞争中，"幸福"逐渐成为人们生活追求的目标。而在提倡文化自信的社会背景下，创新、发展与传承是老字号品牌的主要课题。此次调研主要收集了消费者的情感能量、考虑集与幸福感的相关数据，探究了其内在的影响因素，分析了它们的影响路径，为老字号品牌创新发展与文化传承提供了新的视角，同时从营销的角度拓宽了对幸福感研究的相关路径。

二　调研方法

1. 文献分析法

文献分析法主要是指收集、鉴别、整理文献，并通过对文献的研究形成对事实的科学认识的方法。本章主要收集整理了相关期刊论文、网络文章及书籍等。

2. 问卷调查法

本章采用了访谈调查法与问卷调查法进行调查，主要通过问卷调查法进行调查研究。主要通过线上发放问卷的形式进行调研，被调查者根据自身体验与经历填写问卷。

三 调研内容

调研问卷包括被调查者的基本信息与量表题两个部分。基本信息包括被调查者的性别、年龄、职业、学历与月收入；量表题包括对品牌仪式、情感能量、消费者考虑集与幸福感的相关维度的测量。

第三节 实现幸福感的路径构想

一 问卷发放与回收

在调查过程中，笔者通过对以往文献的查阅分析，结合本章的研究目的，对问卷题项进行筛选调整，确定问卷调查的内容，借助于问卷星线上平台发放问卷，最终收回有效问卷251份。之后对回收的数据进行整理，利用SPSS进行各个变量维度的相关分析，找出其内在联系，建立调研模型。

二 调研模型构建

本章根据利用文献分析法查找、总结量表，根据分析建立了品牌仪式、情感能量、消费者考虑集与幸福感的调研模型（见图8-1）。

图8-1 调研模型

资料来源：笔者自制。下同。

提出品牌仪式通过情感能量、消费者考虑集影响幸福感的假设与猜想，并进行调研分析验证。

三 描述统计分析

此次调研主要通过线上发放问卷结合访谈的方式收集数据，共回收问卷251份。以下是被调查对象的人口统计学特征。

在总体样本中，女性有162人，占总样本的65%，男性有89人，占总体样本的35%。总体上来说，被调查对象中女性较多。

从年龄分布来看，18岁以下的有5人，占总体样本的2%；年龄在18～25岁的有235人，占总体样本的93.6%；年龄在26～35岁的有7人，占总体样本的2.8%；年龄在36～45岁、46～55岁的各有1人，占总体样本的0.4%；56岁及以上的有2人，占总体样本的0.8%。总的来说，被调查对象绝大部分是年轻消费者。

从学历程度来看，高中及以下的有8人，占总体样本的3.2%；学历是大专的有38人，占总体样本的15%；学历是本科的有198人，占总体样本的78.9%；学历是研究生及以上的有7人，占总体样本的2.8%。总的来说，样本涉及的被调查对象中本科学历占绝大多数，其次是大专学历。

从职业分布来看，学生有227人，占总体样本的90.4%；职业是行政事业单位人员的有4人，占总体样本的1.6%；职业是个体经营户的有3人，占总体样本的1.2%；职业是企业工作人员的有12人，占总体样本的4.8%；其他职业有5人，占总体样本的2%。总的来说，被调查对象中学生占大多数。

从月收入来看，收入在2000元及以下的有203人，占总体样本的80.9%，收入在2001～4000元的有25人，占总体样本的10.0%；

收入在4001～8000元的有12人，占总体样本的4.8%；收入在8001～10000元的有2人，占总体样本的0.8%；收入在10001元及以上的有9人，占总体样本的3.6%。总的来说，被调查者的总体消费水平介于2000元及以下。

第四节　数据的可靠性和有效性分析

此次调研采用李克特七点量表，"1"代表"非常不同意"，"7"代表"非常同意"。为控制问卷质量，问卷设置每个ID只能填写一次。

一　信度分析

为了对本章模型进行有效的分析，模型中所包含的变量必须具备良好的信效度。本章通过分别检测每个变量各个维度的克隆巴赫系数来验证数据的信度。克隆巴赫系数的取值范围是0～1，系数值越接近1，变量信度越高。执行与体验、消费者认同、消费者考虑集、亲密性、幸福感的克隆巴赫系数分别为0.959、0.958、0.918、0.939、0.948，表明它们具有较好的信度。

二　效度分析

本章使用SPSS 25.0软件对问卷量表进行因子分析，先进行KMO值和巴特利特球形检验来确定量表是否适合做因子分析。按照学界惯用标准，当KMO值大于0.7时，KMO值越接近1，则表示量表做因子的效果就越好。通过检验发现，执行与体验、消费者认同、亲密性、幸福感的KMO值分别为0.859、0.889、0.747、0.772，累计方差贡献率分别为89.284%、85.679%、89.204%、90.608%，表明量表总体具有良好的效度（消费者考虑集未做效度分析，不影响本章效度分析结论）。

进一步对品牌仪式的执行与体验和幸福感进行相关分析，皮尔逊相关系数为0.766，大于0.7，小于0.9，且p值为0，呈正向相关关系；对品牌仪式的消费者认同和幸福感进行相关分析，皮尔逊相关系数为0.782，大于0.7，小于0.9，且p值为0，呈正向相关关系。相关分析表明可以对它们之间的关系进行更深层次的探讨。

第五节　实现幸福感的多重路径

为了进一步探究老字号品牌仪式对幸福感的相关影响，本节对调研数据分别进行回归分析与中介效应检验来验证模型。

一　品牌仪式对幸福感的影响分析

表8-1　回归分析结果

模型	未标准化系数		标准化系数	t	显著性	B的95.0%置信区间	
	B	标准错误	Beta			下限	上限
（常量）	2.728	0.558		4.884	0.000	1.628	3.828
执行与体验	0.236	0.058	0.336	4.035	0.000	0.121	0.351
消费者认同	0.279	0.048	0.484	5.816	0.000	0.184	0.373

注：因变量：幸福感。

资料来源：笔者自制。下同。

由表8-1可以看出，执行与体验维度的未标准化系数为0.236，显著性小于0.05，说明执行与体验的单位变化量会带来幸福感0.236的变化量；消费者认同维度未标准化系数为0.279，显著性小于0.05，说明消费者认同的单位变化量会带来幸福感0.279的变化量。

二　中介效应分析

1.情感能量的中介效应

本部分利用SPSS软件分析品牌仪式的两个维度——执行与体验和消费者认同对幸福感的影响，研究老字号品牌仪式对幸福感影响过程中情感能量的中介机制。分析结果如表8-2、表8-3所示。

表8-2　执行与体验对幸福感的直接效应

Effect	SE	t	p	LLCI	ULCI	c'_ps	c'_cs
0.034	0.025	1.327	0.186	−0.016	0.083	0.009	0.048

由表8-2可以看出，由于0在LLCI与ULCI值之间，所以执行与体验维度对幸福感的直接效应是不显著的。

表8-3　执行与体验对幸福感的中介效应

	Effect	BootSE	BootLLCI	BootULCI
TOTAL	0.504	0.041	0.421	0.584
Ind1	0.328	0.050	0.218	0.417
Ind2	−0.008	0.022	−0.053	0.034
Ind3	0.026	0.033	−0.037	0.094
Ind4	0.064	0.022	0.026	0.113
Ind5	0.055	0.030	0.013	0.128

	Effect	BootSE	BootLLCI	BootULCI
Ind6	0.012	0.009	−0.003	0.032
Ind7	0.027	0.013	0.002	0.052

由表8-3可以看出，Ind1亲密性、Ind4消费者考虑集、Ind5亲密性与消费考虑集、Ind7激情与消费者考虑集的中介效应显著，0均不在LLCI与ULCI值之间。

表8-4　执行与体验的中介效应路径

Ind1　ZXYTY→QMX→XFG　执行与体验通过亲密性到幸福感的中介效应

Ind2　ZXYTY→CN→XFG　执行与体验通过承诺到幸福感的中介效应

Ind3　ZXYTY→JQ→XFG　执行与体验通过激情到幸福感的中介效应

Ind4　ZXYTY→XFZKLJ→XFG　执行与体验通过消费者考虑集到幸福感的中介效应

Ind5　ZXYTY→QMX→XFZKLJ→XFG　执行与体验通过亲密性和消费者考虑集到幸福感的中介效应

Ind6　ZXYTY→CN→XFZKLJ→XFG　执行与体验通过承诺和消费者考虑集到幸福感的中介效应

Ind7　ZXYTY→JQ→XFZKLJ→XFG　执行与体验通过激情和消费者考虑集到幸福感的中介效应

结合表8-3与表8-4可以看出，执行与体验维度的中介效应路径分别是：通过亲密性、通过消费者考虑集、通过亲密性与消费者考虑集、通过激情与消费者考虑集。

表8-5　消费者认同对幸福感的直接效应

Effect	SE	t	p	LLCI	ULCI	c'_ps	c'_cs
0.014	0.023	0.604	0.547	−0.031	0.059	0.004	0.024

由表8-5可以看出，由于0在LLCI与ULCI值之间，说明消费者认同维度对幸福感的直接效应是不显著的。

表8-6　消费者认同对幸福感的中介效应

	Effect	BootSE	BootLLCI	BootULCI
TOTAL	0.437	0.034	0.369	0.506
Ind1	0.285	0.041	0.194	0.359
Ind2	−0.010	0.020	−0.049	0.029
Ind3	0.023	0.030	−0.035	0.083
Ind4	0.059	0.021	0.024	0.106
Ind5	0.053	0.026	0.016	0.114
Ind6	0.011	0.008	−0.004	0.029
Ind7	0.016	0.012	−0.010	0.039

由表8-6可以看出，Ind1亲密性、Ind4消费者考虑集和Ind5亲密性与消费者考虑集的中介效应显著，0均不在LLCI与ULCI值之间。

表8-7　消费者认同的中介效应路径

Ind1　XFZRT→QMX→XFG　消费者认同通过亲密性到幸福感的中介效应

Ind2　XFZRT→CN→XFG　消费者认同通过承诺到幸福感的中介效应

Ind3　XFZRT→JQ→XFG　消费者认同通过激情到幸福感的中介效应

Ind4　XFZRT→XFZKLJ→XFG　消费者认同通过消费者考虑集到幸福感的中介效应

Ind5　XFZRT→QMX→XFZKLJ→XFG　消费者认同通过亲密性和消费者考虑集到幸福感的中介效应

Ind6　XFZRT→CN→XFZKLJ→XFG　消费者认同通过承诺和消费者考虑集到幸福感的中介效应

Ind7　XFZRT→JQ→XFZKLJ→XFG　消费者认同通过激情和消费者考虑集到幸福感的中介效应

结合表8-6与表8-7可以看出，消费者认同维度的中介效应路径分别是：通过亲密性、通过消费者考虑集、通过亲密性与消费者考虑集。

由于在对品牌仪式的两个维度的分析中，亲密性都能在老字号品牌仪式影响消费者幸福感的过程中起到中介效应，所以可以说情感能量的亲密性维度在老字号品牌仪式影响消费者幸福感的过程中起到了中介作用。

2. 消费者考虑集的中介效应

结合表8-2至表8-7与上述结论可知，由于在对品牌仪式的两个维度的分析中，消费者考虑集都能在老字号品牌仪式影响消费者幸福感的过程中起到中介效应，所以可以说消费者考虑集在老字号品牌仪式影响消费者幸福感的过程中起到了中介作用。

3. 多重效应的中介效应

结合表8-2至表8-7与上述结论可知，在品牌仪式的执行与体验维度的分析中，亲密性与消费者考虑集的双重中介效应以及激情与消费者考虑集的双重中介效应，在老字号品牌仪式对消费者幸福感的影响过程中起到了双重中介的作用。

在品牌仪式的消费者认同维度的分析中，亲密性与消费者考虑集的双重作用在老字号品牌仪式对消费者幸福感的影响过程中起到了双重中介的作用。

由以上可知，当品牌仪式在通过执行与体验维度影响幸福感时，亲密性与消费者考虑集、激情与消费者考虑集在这个过程中都能起到双重中介作用。当品牌仪式通过消费者认同维度影响幸福感时，亲密性与消费者考虑集在这个过程中起到双重中介作用。

三　调研结论

根据以上调研分析发现，品牌仪式对幸福感的主要影响路径有以下四种。

第一，品牌仪式—幸福感。第二，品牌仪式—情感能量—幸福感。第三，品牌仪式—消费者考虑集—幸福感。第四，品牌仪式—

情感能量—消费者考虑集—幸福感。

以上结论刚好验证了图8-1的调研模型，证明了模型构建的正确性。根据以上结论，可以建立老字号品牌仪式对幸福感影响的中介模型分析图，如图8-2所示。

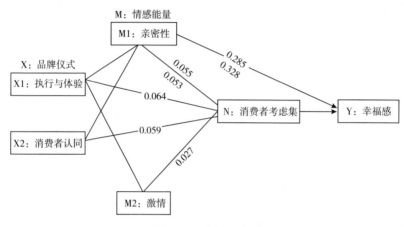

图8-2　中介模型分析

通过上述对老字号品牌仪式中介机制的影响探究，可以得出结论：情感能量和消费者考虑集在老字号品牌仪式对幸福感的影响过程中起到了中介作用。

第六节　品牌仪式是老字号的秘密武器

一　结论

第一，老字号品牌仪式对消费者幸福感有显著影响。相较于非老字号品牌，老字号品牌仪式并不是一种简单的仪式化行为，它更多地包含了对中华传统文化、传统技艺的呈现与继承，仪式作为老字号品牌消费的一个组成部分，它通过建立与消费者的仪式化互动，在互动过程中激发消费者对老字号品牌传统文化的认同，同时使之产生对品牌的激情与亲密性，强化消费者的情感体验，提升消费者幸福感，为消费者带来持续稳定的愉悦和满足感。

第二，情感能量在品牌仪式对幸福感的影响中有中介作用。由此可以看出在参与品牌的仪式化行为过程中，仪式化行为可以增强消费者对品牌的亲密性、激情。品牌仪式作为消费者与品牌之间的一个接触点，不同于其他形式的互动方式，它通过一种更切实的体验，取得与消费者之间的更有力联结，强化消费者对品牌的情感能量，而这种情感能量的唤起又能够提升消费者的幸福感。对于老字号品牌来说，在其品牌仪式中，文化是重要的一部分，消费者在参与其品牌仪式行为的过程中，体验到的不仅是一组重复的动作，更多的是在感受老字号品牌背后的历史与文化。在不断地重复仪式化动作的过程中，消费者会不断加深对品牌以及历史文化的印象，同时，可能会习得一种传统技艺，这既有利于提升消费者文化认同与自信，又有利于传承与发展传统文化。

第三，消费者考虑集在品牌仪式对幸福感的影响中有中介作用。品牌仪式能够从一定程度上反映品牌的价值观和精神文化。当消费者在产生对某类产品的需求时，会选择与自己需求、观念相符的品牌，当消费者使用某品牌产品收获良好的消费体验时，往往会再次购买，因为之前消费中的幸福体验使其感受到愉悦、安全。对于老字号品牌来说，其在长时间的沉淀传播中，具有了独特的文化底蕴与制作工艺，品牌的仪式化行为既要注重品牌文化与理念的传达，又要能够与消费者形成共鸣，吸引一批忠实的顾客群体。在新的时代，要采用新的方式去讲述自己的故事、传承与发展传统的文化和技艺。

二　启示

第一，老字号应该积极构建、宣传自己具有传统文化属性的品牌仪式。老字号品牌在历史的积淀中形成了自己独特的文化与产品，具有民族的文化特征。在品牌仪式中，消费者的文化认同会影响消费者的情感和选择。

第二，老字号的品牌仪式要更多融入一些对对消费者情感唤起有影响的文化元素，使消费者与品牌有情感共鸣。

第三，老字号品牌要立足传统文化，提高品牌仪式、文化在品牌营销中的占比，影响消费者考虑集的组成，使老字号品牌与其他品牌形成区隔。

第四，老字号品牌应充分挖掘消费者的民族自信，使消费者在参与老字号品牌仪式的过程中，内心深处的愉悦由个人愉悦升级为国家幸福感，从而形成品牌忠诚，甚至品牌崇拜。

三　创新点

1. 调研范围的创新

虽然现在研究品牌仪式对消费者影响的学者有很多，但是把老字号品牌仪式进行单独研究的不多；现有的研究中，对幸福感的研究主要是从经济学的视角出发。本章从老字号品牌仪式的视角出发，研究老字号品牌仪式对消费者幸福感的相关影响，及其存在的中介效应，这不仅丰富了老字号品牌仪式的理论研究，而且从营销角度拓宽了对幸福感研究的相关路径。

2. 调研视角的创新

在社会提倡文化自信的背景下，对于老字号品牌的相关研究不在少数，但大多是从老字号品牌创新转型的角度进行分析研究的。此外，虽然"幸福感"这一词语不算很新，但是国内外对幸福感的研究主要是从经济学的角度来探究影响幸福感的因素，而从市场营销学角度研究消费者消费过程中幸福感的相关文献尚少。本章将品牌仪式的范围缩小到对于老字号品牌仪式的研究，主要分析老字号品牌仪式对消费者幸福感的影响。本章分析了老字号品牌仪式与幸福感之间的影响机制，创新了研究视角。

3. 调研模型的创新

本章在借鉴各位学者研究的基础上，利用SPSS分析变量的相关关系，采用process分析各个变量的中介效应，并建立研究模型。研究分析了老字号品牌仪式、情感能量、消费者考虑集和幸福感等变量的多重关系，深入探讨了老字号品牌仪式与幸福感之间的影响机理，体现了研究的逻辑系统性。

四　不足与展望

总的来说，本章在方法和内容上还存在一些局限。针对这些局限，本章提出了对未来的研究展望，这为以后的研究提供了借鉴。

1. 样本选取

此次调研的被试年龄聚集在18~25岁，具有本科及以上学历的占比超过80%，即被调查者大部分为受过良好教育的年轻人。在调研结果中，年龄与职业存在不均衡的问题。未来应该拓宽样本范围，以提高调研的数据代表性与可信性。

2. 调研方法

此次调研对老字号品牌仪式的测量基本是让消费者在特定量表上打分，这可能存在提问效应。未来研究中，可以参照心理学研究，通过内隐联想测试直接测量被调查者对调查刺激物的反应。

3. 调研内容

此次调研在研究老字号品牌仪式对消费者幸福感的影响时，只做了品牌仪式对幸福感的中介效应分析，没有更多地深入挖掘品牌崇拜、消费自信等方面的相关影响。未来研究中，可以在以上数据或者补充完善现有数据的基础上，进行更多的效应的探索与分析，从而为营销实践提供更加扎实全面的理论支撑。

第九章

品牌韧性视角下老字号
时尚化路径

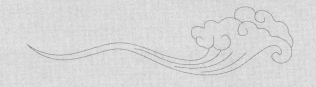

环境的变化使得商业组织的韧性日益受到重视，但是从过程、长期视角进行研究存在困难。因此本章以历史纵深感强的老字号品牌作为对象进行研究，鉴于韧性和品牌两者的复杂性，采用基于整体论逻辑的模糊集定性比较分析法，以54家老字号上市企业为样本，分析提高品牌韧性的路径。研究发现，不存在实现高品牌韧性的单一强必要条件，但是品牌环境在所有高品牌韧性条件组合中都发挥着重要作用；有三种路径能够实现高品牌韧性，包括以开放为导向的探索创新型路径、以价值观为导向的专业创新型路径、开放和价值观双元导向的"博物馆"型路径，不同路径代表着影响因素的不同组合方式和韧性构建模式，但所有路径都必须把品牌条件和组织条件结合起来，二者缺一不可。探索创新型和专业创新型路径涵盖了多数案例，是高品牌韧性的主要实现路径，但是传统优势强大并保持开放的"博物馆"型路径同样能够实现高品牌韧性。本章也发现了四种导致非高品牌韧性的路径，其中品牌价值观的缺失或涣散起着主要作用，尤其以缺乏开放性却又试图创新的路径具有代表性。企业既可以根据自身情况选择恰当的韧性实现路径，又可以通过组织开放性和品牌价值观的调和作用变换路径。此外应该加强对品牌原产地或起源地的维系，将之上升到策略管理层面。

第一节　文献回顾与问题设定

"韧性"的物理学含义多指物体受外力作用而变形后的回弹和性能恢复，在生态学、心理学领域，韧性反映系统吸收破坏和变化并延续演进的能力及个体应对逆境的一种积极认知和行为能力。随着商业环境的变化，"韧性"开始进入管理学特别是组织管理学的研究视野。比如成员韧性被视为组织的一种软实力和有价值的心理资源（Wang et al.，2014）；组织韧性是组织承受高度变化和压力时较少犯错的能力，是识别、适应和化解环境中的可变因素、突发事件以及无序状态的能力（Hollnagel and David，2006）。这种能力可以让组织更有效地利用资源、恢复平衡并持续发展，韧性还是创业成功的必要条件。

"韧性"的这种能力观或特质观源于物理学传统。由此研究者们开发了许多量表对其进行测量，如"集体感知、积极适应和资源获取等"五维度团队韧性量表（Mallak，1998）、"情境感知、关键事件管理、适应能力"三维度组织韧性量表（Mcmanus，2008）等。由于特质观和能力观有既定、先天的意味，所以这些量表多用于横断面研究（Meneghel et al.，2016），而缺乏基于时间序列的研究。于是韧性的过程化、动态化观点应运而生，如韧性被认为来自生活经历而非先天的个性特质，是过程导致的结果，即韧性是一种与过程有关的动态化能力（Bonanno，2012）。但从过程视角来看，韧性的研究必然是长期性的，不只是关注短期的甚至一次性的突发事件或危机中的应对措施，还需要考虑对积极事件的"品味"（宋国学，2019）、日常骄傲自满和自我膨胀的克服，从而增加了研究难度。因为对商业组织而言，成员经常会变动或离职，很多行为或信息不公开，而且很多商业组织存活时间极短。因此，韧性研究的客体大多是非营利性组织（王勇，2016），如 Weick 等较早系统地关注韧性，通过考察消防队、监狱等机构，提出高可靠组织（HRO）构想。这一研究取向至今未衰，核电站、医院、博物馆等仍是重要的韧性研究对象，因为它们相对存续时间长、信息透明。这就导致了一种矛盾：人们关注身处动荡环境中的竞争性商业组织的韧性，却往往要借鉴非营利组织、城市甚至政体韧性的研究成果。"9·11"事件后，对普通商业组织的韧性研究开始增多，但研究方法仍然存在局限。比如问卷数据虽已大量被采用并用于过程研究，但无法从较长时间轴进行考察，使得韧性研究事实上停留在危机或变革管理的传统中；二手数据（主要是上市公司财务资料）有时间优势，但财务数据基于结果和产出，偏重韧性测量，过程不得而知；案例研究贴近实践，近年来有所增长，但往往个性多于共性而普适性低，多案例深度研究难度大；还有一些规范性、描述性研究阐述，概念性强，可操作意义不大。

综上可知，商业组织的韧性研究面临以下挑战：更长的研究时间轴侧重于过程考察并区别于传统的危机管理研究，更多的案例对话贴近实践，更具体的研究变量而不只是抽象的概念描述来提高数据可获得性和实际可操作性。这些挑战互为掣肘，笼统地以整个商业组织为对象进行研究的传统做法很难应对，本章尝试通过以下创新研究方法予以应对。第一，以品牌为载体来研究商业组织的韧性，品牌不仅对商业组织意义重大，有时还能超越组织，即使组织的成员更迭、所有权或控制权变换乃至组织消亡，品牌依然可能存在、穿越时代并复活整个组织，就像可口可乐公司总裁曾经说的：即使厂房被大火烧光，只要品牌还在，一夜之间它会让所有的厂房重新拔地而起。所以，拥有一个强大的品牌，几乎就是拥有一张韧性名片。更重要的是，关乎品牌的信息大多是公开的，是公司喜于向外界表达和传播的，因而是能够长期流传下来并易于获取的。当然，品牌也经常是昙花一现的，故传统营销文献一般用脆性来表达品牌的这一面。国内学者赵占波首次在理论上提出了品牌韧性这一概念，认为品牌韧性是一种深层次的品牌忠诚度，反映了消费者与品牌关系的长期性、不易变更性、黏着性。由于直觉上品牌的当下表现更受重视，目前为止这一理论尚停留在概念层面。但一切当下都将成为历史，品牌的当下特性其实根植于历史，而品牌韧性正是品牌的历史回溯和前瞻。第二，运用定性比较分析法（QCA）进行研究。因为尽管从外部看，品牌是消费者和公众对企业的一种印象、感觉和联想，符号意义明显，但从内部观之，品牌却依附于企业的各种活动和行为，具体而实在。大卫·奥格威很早就认为，品牌是由产品、名称、包装、价格、历史、声誉、广告风格等所构成的错综复杂的象征和无形组合，而韧性本身就是一个多维、多层的复杂概念（Kantur and Iseri-Say，2012）。品牌与韧性这两种概念的结合必然导致具有较高的复杂性，基于整体论逻辑的QCA方法更适合解决复杂性问题，因为和传统定量分析技术不同，组态理论不赞同影响因素方向恒定、相互独立的理想化假定，而遵循殊途同归、多重并发和因果不对称的复杂性认识论（张明、杜运周，2019）。而且QCA方法重视每一个案例（样本）的生动性，不像传统定量研究那样视案例为微小的数据点，要求在分析过程中不断地与案例进行对话（里豪克斯、拉金，2017），从而能更好地拟合现实的复杂性。第三，以老字号品牌为研究对象。因为老字号的历史深度不仅有利于纵向考察，而且能代表我国特有的文化传统和商业情境，其丰富的信息还有益于案例对话。

本章预期的理论贡献如下。第一，提高韧性研究的实践性，以品牌为载体引入了更具体的影响因素或变量，而不再使用诸如适应能力、稳健性、集体感知等过于抽象的概念。第二，从更长远的视野研究韧性，老字号品牌的历史性容许了更长的研究时间轴，使之从几年、十几年扩展到几十年甚至上百年。第三，发展品牌韧性理论，组态分析方法兼具定性和定量特点，结合了案例和路径分析，可以将品牌韧性从目前的概念层面向系统化、操作化层面延伸。第四，为振兴老字号提供借鉴，许多老字号消失在了历史长河中，还有许多老字号在困境中挣扎，研究老字号品牌韧性（包括高韧性和低韧性）的发生路径，不仅可以为一般品牌提供借鉴，而且对老字号本身很有意义。

第二节　案例和变量选择

一　案例选择

对老字号的认定，以商务部发布的名单为准，为保证信息的可比性和可靠性，本章选择深沪主板市场公开上市的老字号作为研究案例，剔除借壳上市的企业，共有 55 家老字号企业，主要涉及酿酒、医药制造、食品饮料、商业百货、餐饮、珠宝首饰等行业。尽管一些老字号在主业基础上进行了多元化经营，但基本不涉及大宗商品，主要直接面向个体消费者，品牌效应明显。

二　条件变量

关于组织韧性的文献虽然很多，但专注品牌韧性的研究几乎没有，既有文献中并无成熟模型或被广泛认可的相关变量，因此本章通过对品牌和组织两个方面的理论分析引入条件（变量）或影响因素。具体而言，本章的选择遵循两个原则：第一，内外兼顾，既包括消费者视角的、易于观察到的品牌外部特质，也包括商业组织本身的行为特征；第二，侧重长期的、过程性的因素，忽略偶发的、短暂的行为或特征。由此得到5个条件变量，并依照特征分为两类：品牌条件——"品牌传奇""品牌价值观""品牌环境"，组织条件——"组织开放性""组织创新性"。具体分析如下。

1. 品牌传奇

品牌传奇通过叙事描绘了品牌发展中的一些独特性，社会学意义上也可将之称为品牌神话，这种讲故事的方式能给品牌带来神秘色彩，产生容易记忆的、生动的、浮想联翩的效果。比如传说云南白药创始人曲焕章偶遇二蛇争斗，受伤之蛇爬至一草地蠕动，竟迅速痊愈如初，于是他经由这种草研制成了百宝丹，再到后来，曲焕章赠送给抗日部队几万瓶药，名声大振。根据结构主义的观点，传奇故事为帮助大众缓解某种焦虑提供了一种超验的解决方案（Lévi-Strauss，2017），而品牌本身就是为了构建身份和品位等象征意义，经由营造复古、怀旧、时尚等来安抚当下的不确定性和忧郁感，以感性的方式引导购买。二者有天然的相通之处。这种悖论式的关系（对传奇的关注总是一种回望当然也就是现代主义的）使得品牌传奇自身易于延续、复兴，从而长期为品牌赋予意义和情感（Boccardi et al.，2016）。

品牌传奇有关于创业历史、产品发明等多种类型，尽管可以主动创建，但许多源于特殊机缘，戏剧性强，传奇色彩浓厚，往往不经意间形成并散播开来。每个品牌都会有故事，但形成一种广为人知、为人所乐道的传奇不容易，所以并非每个品牌都有传奇。因此，本章基于上市公司的公开信息判别品牌传奇，以其正式传播、宣扬的有关品牌的历史性叙事为核心，而忽略仅出现于第三方的新闻报道、个别网络传闻中的叙事。对其赋值模式为，有品牌传奇为1，反之为0。

2. 品牌价值观

品牌价值观是经营者关于品牌的基本信念和价值主张。虽然品牌价值观体现在商业组织的方方面面，但最能直接表达品牌价值观的是品牌口号，或称品牌信条、品牌格言。不同的品牌口号，如安踏的"永不止步"、耐克的"just do it"可能在语义和遣词造句上确有差异，但它们均在倡导正面的价值观。有学者在研究大量品牌口号后发现，"积极、主动、力量、永恒、知识"等是最常见的主题（Dowling and Kabanoff，1996）。这些主题看似不同但又互有重叠，重要的是没有人会不赞同，就像维特根斯坦所说的"家族相似性"一样事实上相差无几，并且由于消费者采用归类法大而化之地解决信息超载问题（Schallehn et al.，2014），故品牌口号被记忆不准确、"张冠李戴"现象非常普遍（俞满娇，2013）。另外，品牌价值观是经营者自身价值判断和道德准则中正面部分的投射，所以每个品牌都有自己的价值观，只是并非每个企业都对此予以文本化提炼或描述。那么这些大同小异的品牌价值观是如何在不同企业起到不同作用的呢？或者有没有"更好点儿的"价值观呢？彼得斯和沃特曼（2018）在《追求卓越：探索成功企业的特质》一书中通过研究62个一流品牌的价值观总结出5个共同特征，其中最重要的一条是"坚持不懈"。与之类似，柯林斯和波勒斯（2019）在《基业长青：企业永续经营的准则》一书中的研究发现，企业的价值观听起来是否"好"或"让人喜爱"不重要，价值观的真实性更重要，即企业行为符合理念的程度要比理念本身更重要。近年来兴起的品牌真实性理论支持了上述经典案例研究，认为真实性显著影响消费者的体验和购买，并能带来品牌依恋和忠诚、增加品牌资产（Morhart et al.，2015），品牌的真诚、传承和质量承诺感知能显著提升消费者的购买意向（Napoli et al.，2014）。总之，这些观点反击了将品牌绝对符号化、概念化的做法，因为不同于经典艺术审美的距离悬搁，品牌审美是一个不断取消、再现、伸缩并混合心理和物理距离的消费过程。

由此，本章摒弃对品牌价值观内容本身的考察，只关注其真实性或符合性，并通过以下方式进行判别：采纳品牌口号的狭义概念，即将品牌口号和经常变动的广告口号、标语区分开，只择取能够清晰表达品牌价值观的、稳定的描述语句。这些语句须在上市公司官方报告和文件、重要媒体中经常被标示、强调，而且是长期伴随品牌几乎被作为一种古训、门风存在的，比如同仁堂的"炮制虽繁必不敢省人工，品味虽贵必不敢减物力"，广誉远的"非义而为，一介不取；合情之道，九百何辞"。这种判别方式的可行性取决于以下两个假设：第一，真正重视、遵从其品牌价值观的企业更有可能将之清晰、明确地描述出来；第二，长期坚持、传承而不轻易改变品牌口号的企业更有可能依其价值观行事。对于初创企业和新品牌来讲，此二假设未必成立，但对存续时间较长尤其是本书中的老字号而言，基本上是成立的。赋值规则：有符合上述所指品牌价值观的取1，反之取0。

3. 品牌环境

全球化和互联网在削平地方差异，但逆全球化并未式微，创建地的烙印对许多企业而言难以磨灭，无论它延伸到多么遥远的地理空间，如苹果公司的加州特色、宜家的北欧风格、同仁堂的京城印象等皆是如此；实际业绩也通常如此，上市公司会按地区列示营业收入，其中品牌发祥地及周边的收入占比几乎总是最高的。

品牌原产地理论、消费者民族中心主义理论等为这种现象提供了心理学解释。大量学者借此在本地品牌、全国品牌和国际品牌间开展比较研究，结论不一而足，由于本书比较的是各品牌创建环境对品牌自身的作用，所有品牌都视作本地品牌，不关注本外地的对比，因此这些结论无关本章宏旨。但上述研究普遍运用的一个重要概念——品牌原产地联结为我们提供了理论启示。埃斯卡拉及其合作者（Escalas and Bettman，2003）认为这是消费者基于地区群体身份而和本地品牌建立的一种心理联结。科塔比和赫尔森（2005）将这种联结区分为多维的消费者价值，如时间维度的"怀旧"、空间维度的"民族中心主义"和"环境保护主义"。这些价值使得原产地联结能够抑制负面信息，联结越强，负面信息的影响也就越小（Aaker et al.，2004）。由于群体身份表达着抽象的自我，原产地的时空距离越远，自我认识的抽象程度越高，原产地联结就越强（王骏旸等，2011），对品牌就越有利。于是本章从时空入手评估品牌的本地环境，时间距离表达着"怀旧"因而和历史相关，空间距离表达着"民族""地理"，从而可以用规模和人口来表征，即品牌起源地历史越悠久，地理空间和人口规模越大，该品牌的原产地联结就越强。评判依据为是否属于国务院公布的国家历史文化名城，因为历史文化名城通常是古都、州府，或者曾是政治、经济重镇，人口密度较大，历史文化底蕴深厚，具体赋值仍采用0或1规则。

4.组织开放性和创新性

韧性的能力观提出了一系列指标，如学习能力、适应能力、动态能力、关键事件管理能力等。这些指标抽象又复杂，难以被可靠测量，在语义逻辑上这些"能力"同"韧性"的关系不言而喻，几乎是同义反复，类似于分析性哲学命题，而很少增添有用知识。对组织而言，更重要的是如何获取这些能力，而不是如何准确测量它。

因此，本章着重探究能力背后的基础性组织行为和特征。

耗散结构理论认为系统要从无序态变为有序态，并不断走向更加复杂和有序或者转向新的有序态，就必须是开放的，以引入外部负熵来补偿内部熵增（史雅文等，2020）。所以，和刚性相反，韧性不是隔绝或排除机制，而是保持敏锐的自我和情境感知，吸收甚至主动吸收环境变化中的威胁与风险，激活并增强其免疫系统，然后修复甚至重塑自我，这就需要开放性。此外，组织韧性镶嵌于外部社会关系和内部团队、成员关系中（Kahan et al.，2009）。开放性不仅利于这些关系，而且有助于获取保护性资源。而且，组织韧性要求构建多样化和去中心化的、分布式的微循环结构，化解风险于无形，以弥补巨大拦水坝式的、控制中心型的传统刚性风险规避机制（仇保兴等，2020），这只有在具备开放精神的组织中才能实现。和开放性密切相关的是组织的创新性，因为创新本身就是一种风险，虽然往往认为封闭式创新或者自主创新值得骄傲，但更多创新依赖于开放，需要系统外资源才能实现。另外，没有创新的开放也可能会危机四伏，成为纯粹的风险暴露而难以为继，两者关系多重互动，或并行或交叉。所以，从过程视角来看，本章将开放性和创新性作为韧性的基础性组织条件不仅在逻辑上支撑和孕育上述有关组织韧性的各种能力，而且更为具体和更易衡量。

开放和创新对品牌本身同样意义非凡。越来越多的公司（不只是长寿公司）开展了遗产营销，通过诸如档案的展示、历史庆典的举办、基于传统的产品设计和开发等行动，为身处变化中的人们提供一种连续性和确定性，增加品牌真实性和吸引力（Boccardi et al.，2016）。但遗产营销不是过去导向的，而是通过诠释传统指向未来。除技艺、建筑、物品外，品牌遗产还包括品牌价值观、品牌历程、品牌符号和品牌传奇。所有这些都不能一味地被回顾和颂扬，都应在当下语境下进行滋养或更新，比如品牌传奇或神话，传奇或神话要提供超越性以对抗匿名、痛苦和死亡，就必须和时代共同演化、续写。不同时代可以有不同神话，一个品牌可能没有传奇也可能有多种传奇。根据语义结构方阵理论，意义在正项和否项的连接和张力中产生，或者说叙事是一个不断借着否定进行构造的无法封闭的过程，只要叙事向前推进，就必须保持开放（蒋诗萍、饶广祥，2015）。再如复古或复刻产品一定要融入新的元素，而品牌价值观虽不能轻易被改变但也不是绝对不变，事实上许多著名品牌谨慎而缓慢地调整过它们的核心价值观，这与价值观的真实性、符合性并不矛盾。另外，也有研究表明，营销活动过分背离品牌传统、过度引入时新流行元素可能会对品牌真实性和合法性带来负面影响（Guo et al.，2017；简予繁、周志民，2019）。总之，开放性和创新性在组织及品牌的过去和未来之间建立了一种有益的紧张关系：有风险但也因而可能提高韧性。

三 条件赋值

本章面向老字号企业。由于其传统上本地性、家族性强，许多还存在"传（子）男不传女"的技术保护策略，经营较为保守，纵向一体化特别是前向一体化程度高，销售上长期依赖于实体渠道并控制严格（张会锋、蒋妍，2019），所以本章以网络销售的实施情况来评估其开放性。因为网络销售突破了地方性局限，需要在很多方面对外开放、借助外部资源，可以相对全面地反映老字号的组织开放性。具体而言，本章考察老字号在主流电商平台开设的旗舰店铺，如果其实际运营方为老字号上市公司本身，或者其一级全资子公司，即实质直营、自营的，就认为公司对网络销售仍然采取了传统的高度控制，组织开放性较低，赋值为0；反之，旗舰店由第三方或合资公司运营或虽未开设旗舰店但授权多家第三方店铺销售其产品的，认为公司对网络销售的态度更为开放，赋值为1。实际认定综合公司官网、电商平台、财务报告、"爱企查大数据"等多种渠道的信息完成。这样做的原因在于电子商务早已常态化，电商平台日趋完善，旗舰店门槛相对降低，更重要的是第三方专业电商运营公司不断涌现，不一定非得亲力亲为。创新性以品牌所属公司近5年平均专利数来衡量，数据采集自国家知识产权局。专利数之于创新性的关系和意义在不同行业、不同公司并不等同，但仍是目前较为可靠的创新性评估标准。案例公司中全聚德、家家悦等餐饮商贸企业近5年专利数为0，广州酒家等同行专利数却颇多。因此，行业和公司的特殊性不能成为对其专利数进行计量和比较的障碍。

四 结果变量

一个品牌如何度过诸多艰难险阻，抑或曾经怎样韬光养晦，难以确切考证。时间本身说明了一切，因此对品牌韧性，本章以其寿命长短直接进行衡量。许多研究证实了品牌寿命本身的价值，如Alba等（1987）认为品牌创立时间越长，消费者对品牌内涵信息加工就越深入，品牌在消费者大脑中的印象就越深刻，从而无形中提升了品牌资产；Aaker（1996）认为品牌创立时间会影响其辨识度，使其容易在同类产品中被识别出来，实际购买时顾客会倾向于购买那些寿命更长、更了解的品牌。也有研究甚至直接根据寿命长短将品牌划分为强势和弱势品牌（Simonin and Ruth，1998），并认为负面事件和信息对弱势品牌的影响更严重（杨烨，2019）。

老字号被经常与民间传说、遗闻野史混杂在一起，出现时间众说纷纭，有些产业旧时经营者甚众、同业字号很多，往往几经演变后其中的某个才成为人们今天所熟知的品牌。为保证数据可靠性、过滤企业可能的夸大行为，除了在上市公司资料、企业网站等官方渠道，本章还从相关媒体报道、研究报告中提取信息，进行多方比对。根据商务部的相关规定，老字号的认定看重的是品牌而不是商标，品牌创立年限也不等于所属企业经营年限，故本章依照品牌为主，企业、相关物品为辅的原则综合判定。比如，宜宾11家古酒坊于1952年联合成立了国营第二十四酒厂，1959年更名为五粮液酒厂，经考古发现其最早的酒窖约建于洪武元年即1368年，但"五粮液"这个名称正式出现于1909年，属于11家酒坊中最著名的"利川永"酒坊，在具体认定五粮液的品牌寿命时本章就从1909年算起。部分较复杂的老字号创建时间辨析如表9-1所示。

表9-1　部分老字号创建时间辨析

品牌	传承辨析	起算点（年）
古井贡	源自1515年的公兴槽坊，但数百年间变迁几乎无记载，现有古井贡由当地政府于1959年兴建	1959
九芝堂	1650年首开店铺，1782年更名为"劳九芝堂"	1782
片仔癀	1956年成立国营药厂，"片仔癀"药品及名称明朝起即在当地有较大影响力，较明确记载约始于清末	1840
水井坊	1998年考古发现古酒坊遗址，此前传承不详，以其前身全兴为准计算，国营全兴酒厂始建于1950年	1950
寿仙谷	李氏祖上于1909年开设药店，影响不大且传承不详，现有寿仙谷于2003年成立，争议较大	删去
上海医药	旗下多家老字号，最早的雷允上开办于1734年	1734

资料来源：笔者自制。下同。

在剔除"寿仙谷"后，最终确定54家老字号作为本章的研究案例。

五　变量整理

本章的研究变量及赋值见表9-2，结果变量"品牌韧性"和条件变量中的"组织创新性"为连续变量，其余4个条件变量均为二分类（0-1）变量。除"组织开放性"外，所有变量均具有很强的时间性，尤其是"品牌韧性"直接以品牌的寿命来度量，从而可以避开QCA方法处理时序数据的弱点，因为数据本身就代表着时间。

表9-2　研究变量及赋值

	变量名	变量释义	变量值
结果变量	品牌韧性	品牌寿命	创立至今的年限
条件变量	品牌传奇	有无广为流传的叙事性品牌描述	有 = 1，无 = 0
	品牌价值观	有无长期存在的类似古训、门风的品牌口号	有 = 1，无 = 0
	品牌环境	创办地是否为国家历史文化名城	是 = 1，否 = 0
	组织开放性	网络旗舰店是否为自营、直营	是 = 0，否 = 1
	组织创新性	专利数量	近5年平均值

注：数据采集截至2020年底，"品牌环境"在本章中亦称"品牌原产地联结"。

第三节　模糊集定性比较分析

QCA方法以集合论为基础，通过比对案例在条件变量构成集合上的隶属度和在结果变量集合上的隶属度，判断前者是否为后者的子集（一致率一般不低于0.8），如果是，则条件组态（或称构型）是结果的充分条件，可视为导致结果的路径。当所有变量均为二分类时则称为清晰集定性比较分析法（csQCA），如包含连续变量则称为模糊集定性比较分析法（fsQCA）。本章同时包括这两种变量，依据向下兼容的原则使用模糊集定性比较分析法及相应软件fsQCA 3.0。

一 变量校准

在进行模糊集定性比较分析时，须先对连续变量进行定性校准从而为组态分析做准备。本章中"品牌韧性"和"组织创新性"是连续变量，采纳常用的直接法进行校准，为确定校准阈值，先对数据做描述统计，结果见表9-3。统计显示"品牌韧性"和"组织创新性"两个变量值的分布均呈偏态，偏度系数分别为1.64和2.44，对完全隶属、完全不隶属两个校准阈值使用较居中的上下四分位数更合适，但由于另外4个条件变量均为二分类，这样将导致校准值更多地往1和0两个极端方向分化，使得整个分析接近清晰集并导致较多矛盾组态。权衡利弊，本章将完全隶属、最大模糊点、完全不隶属3个校准阈值分别设定为变量样本值的95%、50%、5%百分位数，具体数值见表9-3。

表9-3 变量模糊集校准和描述性统计

集合	未校准原始变量描述性统计						变量校准阈值		
	均值	和	中位数	最大值	最小值	偏度	完全隶属	最大模糊点	完全不隶属
品牌韧性	147.94	7989	105.50	478	60	1.64	440.75	105.50	61
组织创新性	24.92	1346	9.80	182.4	0	2.44	123.35	9.80	0
组织开放性	0.39	21	0	1	0	0.47			
品牌传奇	0.46	25	0	1	0	0.15			
品牌价值观	0.20	11	0	1	0	1.51			
品牌环境	0.78	42	1	1	0	-1.38			

二 必要条件分析

根据校准后的数据分析各单一条件变量和结果变量间的必要关系（见表9-4），即结果是否为条件的子集，如果是（一致率一般不低于0.9），则表明该条件是结果发生的必要条件。必要性分析可以为充分性组态分析提供讨论素材，使整个研究更为丰满。基于QCA方法因果不对称、多因多果的逻辑，本章将研究导致品牌韧性低的路径，这样结果变量分别命名为"高品牌韧性"和"非高品牌韧性"，共进行两组必要条件分析。

结果显示：只有"品牌环境"和"高品牌韧性"、"~品牌价值观"和"非高品牌韧性"间一致率接近0.9，分别为0.875和0.886，可看作弱必要条件，具体还须结合组态分析进行解释。其余均明显低于0.9，达不到必要条件的标准。

表9-4　单一条件的必要性检验

条件变量	结果变量	
	高品牌韧性	非高品牌韧性
品牌传奇	0.529	0.417
~品牌传奇	0.471	0.583
品牌价值观	0.332	0.114
~品牌价值观	0.668	0.886
品牌环境	0.875	0.710
~品牌环境	0.125	0.290
组织开放性	0.453	0.344
~组织开放性	0.547	0.656
组织创新性	0.610	0.515
~组织创新性	0.721	0.715

三 组态分析

使用fsQCA 3.0软件对品牌高韧性结果和非高韧性结果分别进行组态分析。案例和条件变量数分别为54、5，二者匹配度较为适中，原始一致性阈值和案例频数阈值使用软件默认的0.8和1。由于4个二分类变量的粗粒化效应有可能增加矛盾组态而减少正常组态，所以本章将PRI一致性水平阈值放松至0.6（Patala et al.，2021；Pappas and Woodside，2021）。又因为本章在提出条件变量时，通过文献归纳、理论演绎等多种方式直接明确了各条件变量对结果变量作用的方向，所以在进行真值表分析时，每个条件变量的出现都可能对高品牌韧性有贡献，而每个条件变量的缺失都可能对非高品牌韧性有贡献。尽管这对反事实分析的逻辑空间实施了强约束并背离了之前单一条件必要性分析的结果，但更符合品牌、韧性等相关理论，利于得到合理的中间解，软件输出结果详见表9-5。总体来看，多重并发、不对称特征明显：条件变量以多种方式组合构造了多条结果发生的路径，对其中的高品牌韧性组态依各自特征进行命名。此外，高品牌韧性组态中各条件变量均以存在方式进行组合，非高品牌韧性组态中条件变量多以不存在方式进行组合，N2b组态除外。虽然这只是对同时子集关系的排除而不能保证研究的稳健性（张明、杜运周，2019），但至少对本章的各条件变量的分析提供了支持。

表9-5 高品牌韧性和非高品牌韧性的中间解组态

条件变量	高品牌韧性（High）			非高品牌韧性（Not High）			
	H1	H2	H3	N1a	N1b	N2a	N2b
品牌环境	●	●	●	⊗	⊗		
品牌传奇			●			⊗	

续表

条件变量	高品牌韧性（High）			非高品牌韧性（Not High）			
	H1	H2	H3	N1a	N1b	N2a	N2b
品牌价值观		●	●		⊗	⊗	⊗
组织开放性	●		●	⊗		⊗	⊗
组织创新性	●		●	⊗	⊗		●
原始覆盖率	0.204	0.177	0.044	0.084	0.188	0.371	0.327
净覆盖率	0.154	0.126	0.038	0.026	0.130	0.099	0.076
一致率	0.856	0.887	0.970	0.905	0.914	0.738	0.840
案例数	6	5	1	2	6	16	13
总体一致率	0.877			0.803			
总体覆盖率	0.368			0.604			

注：a.同时在中间解和简约解中出现的条件为核心条件，仅在中间解中出现的条件为边缘条件。b.● =核心条件存在；⊗=核心条件缺失；●=边缘条件存在；⊗=边缘条件缺失；空白为该条件出现或不出现都不影响结果。c.由于缺乏条件组合路径的理论依据，真值表分析出现质蕴涵项时均采取全选的方式，即"select all"。

1.高品牌韧性组态

（1）H1：探索创新型。H1组态表明，原产地联结强的品牌，如果其组织同时具备较高的开放性和创新性，有望形成品牌的高韧性。这类品牌立足但不拘泥于传统，强调创新并充分利用外部资源，不断探索新的领域，进行大量的多元化尝试，品牌价值观和品牌传奇两个条件对它们并不必要，因为其产品线非常宽泛。典型品牌如云南白药，从止血疗伤的秘方草药开始，不断向医疗器械、大健康护理、茶品、养生等领域开拓，尤其是在牙膏单品上实现突破，成为消费品巨头。再如五粮液，除了在传统酒品中不断推出更多品类和子品牌外，还进入了轮胎制造、高分子材料、玻璃制造等广阔领域。还有九芝堂、马应龙等也是如此。开放、创新和多元当然是有风险的，但这类品牌并未丢弃作为自己根基的传统产品和产业，而是对其不断挖掘创新。比如云南白药牙膏就成功嫁接了传统丹药的止血功效。

（2）H2：专业创新型。H2组态搭配了品牌环境、品牌价值观和组织创新性三个条件。由于加入了品牌价值观这个条件，相比H1，这类品牌专注于围绕自己的传统主业进行创新，持续深化、拓展，组织开放性和品牌传奇并不十分必要。典型如上海医药，旗下拥有"雷允上""龙虎""国风""胡庆余堂"多家传统中药老字号，同时还进入化学、生物制药领域，发展出了"信宜""常药""青春宝"等知名品牌。类似企业和品牌还有白云山、中新药业、哈药等，以及调味品巨头恒顺醋业。

（3）H3："博物馆"型。H3构型由组织创新性之外的其他四个条件组成，这类品牌的品牌价值观和品牌传奇在其创办地极具影响力，历史红利丰厚，创新动机不强，但"博物馆"不能封闭，必须是开放的，要经常借助外部资源才能传承下去。典型品牌如广誉远，拥有龟龄集与定坤丹两个国家级保密品种，传奇色彩浓厚，在品牌陷入危机时屡有外部资源介入助其脱困，比如20世纪末广誉远已经濒临破产，后被东盛集团收购而重现活力，2021年，广誉远再次易手为山西国资委掌控，将被打造成当地中医药产业的标杆品牌。

2.非高品牌韧性组态

非高品牌韧性有四种组态，除了核心条件与边缘条件分布上的差异，N1a和N1b分别与高品牌韧性组态H1和H2呈对称性反向，但N1a和N1b的核心条件相同，为二阶等价组态，当品牌环境和组织创新性均较弱时，如果再缺失品牌价值观或者组织开放性就会降低品牌的韧性。和H1、H2对高品牌韧性的强解释力不同，对非高品牌韧性解释力更强的组态并不是N1a和N1b，而是N2a和N2b。后者共覆盖了29个案例，它们共享组织开放性缺失和品牌价值观缺失两个核心条件，因而也是二阶等价组态，N2a的一致性略低，为0.738。所以本章重点关注N2b构型：对于缺失或不能坚守价值观并且缺乏开放性的品牌来讲，创新可能只是闭门造车或者碰运气，反而会带来更不利的影响。

3.稳健性检验

由于前述二分类变量，稳健性检验不对PRI一致性水平做测试，采取改变案例频数阈值的方式进行检验：将案例频数阈值由1提高到2。结果对照于表9-6（新组态名以＊标注）。可以看出，无论高品牌韧性还是非高品牌韧性，两种频数阈值差别很小。

表9-6　基于案例频数阈值的稳健性检验

条件变量	高品牌韧性（High）					非高品牌韧性（Not High）						
	阈值=1			阈值=2		阈值=1				阈值=2		
	H1	H2	H3	H1*	H2*	N1a	N1b	N2a	N2b	N1*	N2*	N3*
品牌环境	●	●		●	●	⊗	⊗			⊗		
品牌传奇			●				⊗				⊗	
品牌价值观		●	●		●	⊗	⊗	⊗	⊗	⊗	⊗	⊗
组织开放性	●		●	●	●	⊗		⊗	⊗		⊗	⊗
组织创新性	●	●		●	●	⊗	⊗		●	⊗		●
总体一致率	0.877			0.867		0.803				0.800		
总体覆盖率	0.368			0.330		0.604				0.577		

第四节　结论、启示和展望

一　结论

商业组织的韧性研究仍在起步阶段，本章依托 fsQCA 理论，以商业组织韧性的重要载体——品牌为对象进行了探讨，结论如下。

第一，探索创新型、专业创新型和"博物馆"型等三种组态可以实现高品牌韧性。前两种组态中创新都是核心条件，创新意向明确，而且均覆盖较多案例，是主要的韧性路径。"博物馆"型组态仅覆盖了一个案例，但老字号意义典型：传统可能抑制创新，通过开放也能实现品牌韧性。

第二，品牌环境是实现高品牌韧性的必要条件，而价值观的缺失是导致非高品牌韧性的必要条件。品牌环境在案例频数阈值为 1 和 2 时的所有高品牌韧性组态上都发挥着作用（尤其在阈值为 2 的各组态中皆是核心条件），结合其单一条件必要性分析中 0.875 的一致率，可视为必要条件。当然，本章并不认为只有创办于历史文化名城的品牌才可能具备高品牌韧性，历史文化名城是政府遵循一定标准认定的，从 1982 年至今认定了三批，处于动态之中，因而只是原产地联结的一种表征。另外，品牌价值观的缺失在非高品牌韧性组态中最为普遍，案例频数阈值为 1 的 4 个构型中有 3 个缺失品牌价值观，案例频数阈值为 2 的构型则全部缺失品牌价值观，结合其单一条件必要性分析中 0.886 的一致率，同样可视为必要条件。

第三，品牌条件必须和组织条件相结合才能实现高品牌韧性。各高品牌韧性组态中二者均不可完全缺失，相互间不能完全替代。

这对品牌真实性理论是一种侧面验证，仅靠品牌本身原教旨式的价值宣扬和传奇讲述不能带来韧性，还必须结合丰富的组织行为。当然，仅靠纯粹工具主义的实践活动也无法保持长期韧性，还应当维系它源起的根基和价值系统。

第四，实现高品牌韧性应遵循冗余原则。各高品牌韧性组态中均不存在条件互斥或矛盾现象，即某个条件变量必须缺失的高品牌韧性构型并不存在，或者说组态中任一条件不必只能在其他条件不存在的情况下才能发挥作用。

第五，实现高品牌韧性应调和传统与创新。如果把品牌环境和品牌传奇看作传统因素，那么组织开放性和品牌价值观就起到了调和传统与创新的作用，把组织开放性置于品牌环境和组织创新性之间时构成了H1路径，当组织开放性被替换为品牌价值观时则构成了H2路径，组织开放性和品牌价值观一起同传统结合时就构成了H3路径。从H1→H2→H3的路径变换中，创新和传统的成分在此消彼长，反之亦然。

二　启示

基于整体论逻辑，本章的研究结论对于实现商业组织及其品牌的韧性具有以下启示。

企业应坚决创新。实现韧性的两条高覆盖率路径都对企业的创新性提出了要求，这对老字号尤为重要。因为老字号是我国传统农耕社会的商业单元，长期以来形成了实用、耐用、简单、结实的功能主义产品观念，落伍于个性化、多元化、复杂化的现代需求。从功能主义视角看，传承的是技艺、工艺，创新当然指的也就是产品创新，后者必然要动摇前者，从而把传承和创新对立起来，特别是科技革命以来，不创新难免落伍，创新又可能侵蚀传统，落入现代性陷阱。但从市场角度看，传承的只是品牌，因为消费者不具备从产品反推制造技术的知识和能力，更不会仅因制造工艺而买单，他们并不真的想确切了解生产过程，他们消费的只是需求的满足感，这种满足感并不只由产品功能本身所决定，而是由品牌承载的复杂意义和象征所赋予，技艺、产品、功能只是部分手段。而且从历史视角看，每家老字号在创立之初或多或少都是有创新精神的，过分强调传统工艺、古方、古法、祖制、秘制的做法其实已经违背了祖辈创立者的创新初衷。况且，现代科学可以轻松地复制、超越和再造传统技术，让传统技术焕发青春。因此，在维系品牌环境和价值观的基础上，组织应坚决创新。

打破路径依赖。本章提出了三种实现高品牌韧性的路径。企业可根据自身情况选择某种路径并侧重相应的条件因素，但不应刻意长期压制或忽视其他条件，因为过分强调某一方面、追求短期优势和适应性的做法不仅违背冗余性原则，还将导致路径依赖和组织封闭。所以，本章不赞同历史决定论的观点，即一家企业的历史、特征决定了它只适合某一种路径，相反，企业可以通过组织开放性和品牌价值观打破路径依赖而进行路径切换，它可以借助组织开放性进行较为激进的创新，也可以借助品牌价值观进行较为温和的创新，还可以结合品牌价值观稳定下来但同时保持开放。因此，组织应持自我批判态度、及时补齐短板以保持适度的冗余和开放，适时地转换发展路径，从而实现长期韧性。一些新近研究为本章的观点提供了支持，如崔淼等在一个纵向案例研究中发现，一家公司可以在多种路径间进行变换以实现韧性。

巩固甚至重建原产地联结。本章的一个重要成果是发现了原产地联结的韧性价值。传统上，原产地联结只是营销学中一个较边缘化的概念，新近的品牌真实性理论将原产地视为真实性的重要构成，本章的研究则进一步将原产地联结和品牌韧性联系起来。实际上，稍作观察便可发现，在许多地方，老字号已几乎被本地人抛弃，成为只有外地人才光顾的品牌，也许正是这种源头上的断裂导致了诸多老字号的衰亡或即将衰亡。因此，对于商业组织尤其老字号而言，应该始终重视本地市场，不应仅仅笼统关注销售额和客流量，更要特别加强同本地顾客尤其本地新生代顾客的联系，他们才是口碑建立和传播的真正源泉，同时积极参与原产地公益事业或承担社区责任，重新塑造过去那种老街坊、老邻居式的熟稔亲切感。

坚守或重塑价值体系。ESG（环境保护、社会责任、公司治理）可持续发展理念已在世界各国得到越来越多的认可。价值观绝不是说说而已，而是有确切的现实意义，单变量必要性分析和非高品牌韧性组态分析从反面为人们揭示了这种重要性：坚守品牌价值观虽不足以拥有高品牌韧性，但可以对抗非高品牌韧性或者说脆性。这尤其为许多处于困难处境中的小微老字号企业提供了启示，它们的经营目标通常停留在谋生安身层面，相对封闭，常慨叹时代变迁、时移势易，但事实是这些公司往往过于强调技艺的传承，而忽视价值的传承，缺乏品牌个性，只是一味笼统地传播"正宗""历史"等的同质化形象，以致在市场中随波逐流。因此老字号的首要任务在于重塑价值和使命感，并真正认同和坚守，从而为不畏挫折、更高追求赋予精神支撑，唯此才能增强开放性，才能放弃"男外女内""传男不传女""一招鲜吃遍天"等的狭隘观念，转而积极吸收外部资源和女性智慧以赋能创新、实现韧性。

三 研究不足与展望

关于品牌韧性的系统研究目前并未展开，本章算是一种尝试，尚存在以下不足。第一，本章从过程性、长期性视角考察韧性，故所有样本均由寿命较长的老字号构成，研究结论的普适性可能存在局限。第二，以品牌寿命衡量其韧性对于创办时间晚的品牌并不公平。不过，本章仅考察现存品牌的做法一定程度上对冲了这种不公，因为许多创办较早的品牌也早已消亡。第三，通过电商旗舰店性质和专利数衡量组织的开放性和创新性同样存在不足，因为这建立在企业经营策略稳定和持续的假设上，但这种假设对一些企业可能不太适用。

未来研究可做如下改进或扩展：控制品牌创办时间的一致性，以准确衡量品牌韧性，并通过丰富品牌类型如纳入中小板上市的老字号、非老字号品牌及已死亡品牌等来提高样本的可获得性，继而提高研究结论的普适性；设计更细粒化，以更稳定的变量增加研究的精细度与可靠性；对原产地联结的操纵化进行系统研究，将之从一种营销概念上升为重要的策略性行动。

第十章

中国老字号的创新模式

老字号的创新路径一直是管理学理论和实践研究的热点。本章以具有中华老字号概念的47家上市企业为研究对象,采用基于模糊集定性比较分析法对老字号企业的创新路径进行了研究。结果发现:老字号产品是企业创新的基础,传承是老字号创新的必要条件,老字号创新包括注重企业传承的技艺创新模式、适合大型集团企业的技术创新模式、资产收益率较低的理念创新模式和适宜小微企业的市场创新模式四种类型。这一研究结果能够对不同类型的老字号企业创新提供理论指导。

第一节 传承与创新如何调和?

老字号是中国品牌的重要组成部分,不仅具有普遍的品牌意义,还是中华民族文化传承的载体。因此,有观点认为,老字号企业应该以传承为主,不需要太多关注创新。但是,经验表明,缺乏创新的老字号企业往往无法适应新的发展环境,产品老化严重、盈利减少甚至亏损(徐伟、冯林燕,2018;许衍凤等,2018)。当然与其他类型企业的创新不同,老字号企业创新还要考虑其传承性,老字号企业的创新应该是其传承下的创新。因此在立足传承的基础上进行创新,是我国老字号企业发展面临的重要问题(姬志恒、王兴元,2014)。

由于传承与创新的相对对立,老字号为了保持其独特的工艺技术等方面的传承,可能会减少对创新的关注。事实上,传承与创新并不是一个绝对对立的概念，如同仁堂等老字号企业利用新技术、新工艺提纯原材料，使传承数百年的经典药方具有了更好的疗效，使产品在传承的基础上得到了创新。所以，老字号的传承与创新并不是一个不可调和的矛盾，重要的是形成一个好的创新机制，在传承的基础上进行创新。

本章的研究目的在于探索老字号传承下的创新机制，寻找老字号的创新路径。本章运用定性比较分析法（QCA）进行研究，结果显示，老字号创新是一个系统行为，传承是老字号创新的必要条件，不同类型的老字号企业创新有不同的机制和路径。这一研究结果能够对不同类型的老字号企业创新提供理论指导。

首先，本章对老字号创新和影响因素的文献进行回顾。其次根据文献分析提取老字号的影响因素，获取老字号上市企业的数据，选取定性比较分析研究方法。再次对整理数据进行实证分析，并对分析结果进行讨论。最后是研究结论和展望。

第二节　老字号的创新形式与影响因素

一　老字号创新

创新的概念最早是经济学家熊彼特提出的。创新是指把没有出现过的要素和条件引入生产系统，从而推动经济的发展。创新分为渐进型创新和颠覆式创新。虽然颠覆式创新能够突破原有的发展瓶颈，带来全新的模式和体系，但持续不断的渐进型创新是创新的常态（冯立杰等，2019；周洋、张庆普，2017）。如中小企业在服务、技术、渠道、模式、功能、定位、营销、整合和包装等不同角度的微创新，既提升了顾客体验，又为企业带来了新的竞争优势和市场空间，并且持续的微创新能促成量变到质变的变化（张宇、丁长青，2018；周青等，2019）。扩展适应创新和跨界创新都是从原有领域和范畴到新的领域和范畴的创新，不同的是扩展适应创新是被动创新，是企业为了适应新的市场或者环境的创新；而跨界创新是一种较为主动的创新，主动跨越原有边界和领域，进入新的环境或者行业。跨界创新和扩展适应创新往往带来理念的更新和价值链的重构，大多属于颠覆式创新（Garud et al.，2018）。

老字号创新主要是渐进型的微创新、扩展适应创新或者颠覆式的跨界创新，但具体到实质层面目前关于老字号创新的研究主要聚焦在三个方面。一是基于老字号视觉形象的创新。有研究者认为，路易威登等许多国外老品牌，都有悠久的历史，它们视觉形象的经典与时尚程度创新都是新兴品牌所无法比拟的。与国外老品牌相比，中国老字号的视觉形象往往显得陈旧过时，缺乏现代性，需要进行视觉形象创新（陈绘、魏梦姣，2014；Pecot et al.，2018）。二是基于老字号传承的创新。传承也是老字号的重要使命，不能为了创新而忽视老字号的传承。如果把老字号传统的技术工艺与先进技术和设备相结合，在传承的基础上进行创新，就会为老字号企业经营发展注入新的活力。有学者指出，传统的传承核心不仅是传统的技艺，更是追求完美的工匠精神，这些"精神"才是老字号企业的核心竞争力和价值优势所在，在企业的传承与变迁历程中具有重要的社会功能（许晖等，2018；Balmer et al.，2013）。三是基于老字号资源的创新。有研究者通过对杏花村酒业的研究发现，老字号创新不能随波逐流，要根据自身拥有的资源优势进行"相机抉择"。通过对自身的文化传统、工艺传承、品牌影响等资源的整合，根据自身发展阶段，实现从单一创新到组合创新（刘海兵等，2019）。

二 老字号创新的影响因素

从现有研究来看，企业的创新影响因素主要包括外部因素和内部因素。外部因素主要指企业所处的宏观环境和产业环境，包括竞争程度、市场化程度以及政府政策等。实证研究表明，环境因素主要对企业的创新和开放影响显著（陈红花等，2017）。而老字号企业大多具有鲜明的地方特色，是在形成区域优势的基础上发展起来的，因此地域等环境因素对老字号的创新就更具有影响力。内部因素主要指企业规模、人力资源、研发费用等。研究发现企业的规模、企业特征、市场竞争状况、经营状况和社会资本是老字号创新的影响因素，对创新有显著的促进作用（尉建文、刘波，2015）。也有研究表明，企业是侧重于现有产品业务的主流创新还是探索新的技术和业务的新流创新对企业的绩效也有重要影响，而这对老字号显得尤为重要（Terziovski，2010）。但是研发投入并不是线性关系。随着研发投入的增加，企业创新会是一个V形结构关系。而无论是内部因素还是外部因素，创新活动最终还要受到具体决策者的影响，因此企业高管的个人特征显得较为重要。高管的受教育水平越高，对问题的处理、对市场的判断以及对企业的战略决策能力就越强，据此可知高管的个人特征对创新具有较为显著的影响（任大帅等，2018）。

三 理论述评

从以上研究可以看出，老字号创新有多种形式，可以从多个不同角度进行。但是关键还要看企业所受到的内外部影响因素。这些影响因素主要包括地域环境、企业规模、企业特征、高管以及研发费用等。

第三节　分析方法选择

根据理论分析，本章以老字号企业为对象，以专利申请量为创新结果变量以及以相关影响因素为条件变量进行实证研究。

一　样本选择

为了保证数据的权威性和可靠性，本章选取了沪深股市上市的老字号概念股，所有数据均可通过上市公告等途径得到，以5年的创新成果反映企业的创新绩效。本书选取了2014～2018年的数据。参考国内外权威期刊的做法，结合研究主题，本章删除了王府井、南京百货等纯商业品牌企业以及ST企业的样本，共得到同仁堂、贵州茅台、全聚德等47个老字号概念股企业样本。

二　变量选择

（1）结果变量：专利申请量（ZL）。创新变量可以从投入和结果等多个角度进行衡量，企业专利是主流文献采用的变量。考虑专利授予的滞后性，本章以研究时限的专利申请量作为企业创新的结果变量。

（2）条件变量。根据前期研究，本章的条件变量如下。①企业环境（HJ），以企业所在地表示，处于北上广深竞争激烈的一线城市表示为1，其他城市为0。②上市年限（NX），以企业的实际上市年限表示。③企业规模（GM），采用企业2014～2018年营业额的平均数表示，上市年限短、没有当年营业额的，以最近年份的营业额代替。④商誉（SY），以企业研究时限内的商誉均值表示。⑤研发费用（YF），以研究时限内的企业研发费用均值表示。⑥高管学历（XL），高管个人特征以研究时限的高管学历均值表示。高管学历由董事长和总经理学历分数相加得到，其中高中及以下为0分、大专1分、本科2分、硕士3分、博士4分（钟熙等，2018）。⑦资产收益率（SYL），以研究时限内的企业平均收益率表示。⑧主营业务（ZY），以研究时限内企业的老字号业务是否为主表示，老字号业务收入超过总收入半数表示为1，没有超过表示为0。

三　分析方法

考虑到具体的研究问题，本章采用的研究方法是以布尔代数和集合论为基础的定性比较分析法（QCA）。与传统的定性定量分析方法相比，此研究方法主要有以下特点（Fiss，2007；Greckhamer et al.，2018；Ilias，2018）。第一，老字号创新是一个系统工程，是多种因素的组合作用，但是回归分析等传统的自变量对因变量进行解释的方法，多是考虑单个因素的影响，对于三重以上的交互作用就很难解释，更不用说解释系统分析中的缺失因素与相关因素的交互作用。第二，传统研究方法的影响作用多为对称和均衡的关系，而现实中关于老字号创新的系统影响并不都是对称和均衡的，存在更多的复杂组合。如A因素存在能够进行创新，A因素不存在也可以有创新路径。第三，老字号创新可以存在多个路径组合，每个路径都能达到最终的创新目的。QCA对多个组合路径的分析效果要强于传统的回归分析等方法。第四，考虑到数据的真实可信性和权威性，本章的数据以沪深主板上市的47家老字号企业为主，样本量较小，不能进行结构方程模型等复杂的数据分析，小样本分析又无法得到更多规律性的结论，而QCA能够对40~80家数据的要求得出合理可信结论。

QCA包括清晰集、多值集和模糊集分析三种技术。清晰集的变量范围是二元的，多值集的变量范围是多元的，模糊集的变量范围是连续的。由于本章的数据以连续数据为主，因此，本章采用模糊集定性比较分析法（杜运周、贾良定，2017；王凤彬等，2014；里豪克斯、拉金，2017）。

第四节　单变量必要性分析和组合路径充分性分析

一　数据校准

使用模糊集定性比较分析法进行分析的数据，先要进行数据校准，划分出样本的隶属度。根据数据分布情况，本章的三个锚定点分别是0.67、0.5、0.33，其中0.67表示完全隶属、0.33表示完全不隶属、0.5为不确定交叉点，不同样本的变量模糊集数值根据其在该变量所有数字中所处的位置确定，越接近0.67，隶属度越高，反之，隶属度越低。具体的模糊集赋值见表10-1。

表10-1 变量模糊集赋值

编号	公司	SY_F	NX_F	YF_F	GM_F	XL_F	ZY_F	SYL_F	HJ_F	ZL_F
1	通葡股份	0.75	0.05	0	0	0.95	0	0	0	0
2	凯乐科技	1	0.5	1	0.94	0.95	0	0.13	0	0.89
3	家家悦	0.86	0	0	0.98	0.05	0	1	0	0
4	云南白药	0.48	0.98	1	1	0.5	0	1	0	0.95
5	寿仙谷	0.04	0	0.38	0	0	1	0.92	0	0.04
6	桂发祥	0.04	0	0	0	0.5	1	0.96	0	0.73
7	西安饮食	0.05	0.95	0	0	0.77	1	0	0	0
8	广誉远	0.05	0.95	0.34	0	0.95	1	1	0	0.02
9	水井坊	0.04	0.95	0.01	0.01	0.05	1	0.02	0	0.14
10	青青稞酒	0.94	0	0.12	0.02	0.95	1	0.01	0	0.1
11	恒顺醋业	0.04	0.18	0.67	0.02	0.5	1	0.63	0	1
12	古越龙山	0.59	0.95	0	0.02	0.05	1	0	0	0.01
13	舍得酒业	0.04	0.98	0.03	0.03	0.08	1	0	0	0.03
14	马应龙	0.59	0	0.65	0.04	1	1	0.71	0	0.82
15	健民集团	0.07	0	0.46	0.12	0.5	1	0.04	0	0.5
16	老白干酒	0.04	0.05	0	0.16	0.05	1	0.06	0	0.06
17	九芝堂	0.99	0.5	0.94	0.17	0.92	1	1	0	0.96
18	浙江震元	0.04	0.95	0.5	0.18	0.05	1	0	0	0.01
19	太安堂	1	0	0.54	0.27	1	1	0.01	0	0.16
20	片仔癀	0.5	0.01	0.95	0.36	0.05	1	0.99	0	1
21	迎驾贡酒	0.04	0	0.09	0.49	0	1	0.97	0	0.95
22	张裕A	0.98	0.5	0.05	0.69	0.5	1	0.51	0	0.01
23	山西汾酒	0.04	1	0.02	0.72	0.5	1	0.77	0	0.34
24	东阿阿胶	0.05	0.98	1	0.82	0.05	1	1	0	1

续表

编号	公司	SY_F	NX_F	YF_F	GM_F	XL_F	ZY_F	SYL_F	HJ_F	ZL_F
25	古井贡酒	1	0.98	1	0.84	0.95	1	0.95	0	1
26	中新药业	0.04	0.18	0.99	0.85	0.92	1	0.34	0	1
27	泸州老窖	0.04	1	0.97	0.93	0.95	1	0.92	0	0.94
28	海天味业	0.31	0	1	0.99	0.05	1	1	0	1
29	洋河股份	1	0	0.88	1	0.95	1	1	0	1
30	青岛啤酒	1	1	0.12	1	1	1	0.06	0	1
31	五粮液	0.06	0.88	0.97	1	0	1	0.97	0	1
32	贵州茅台	0.04	0.18	1	1	0.95	1	1	0	0.98
33	上海凤凰	1	1	0	0	0.35	0	0	1	0.31
34	新世界	0.26	1	0	0.5	0.5	0	0.02	1	0.02
35	同仁堂	0.75	0.95	1	0.99	0.95	1	0.53	1	0.01
36	上海梅林	1	0.95	1	1	0.35	0	0.01	1	0.05
37	豫园股份	1	1	0	1	0.5	0	0.31	1	0
38	开开实业	0.04	0.18	0	0.01	0.03	1	0.01	1	0.01
39	金枫酒业	0.99	1	0.68	0.01	0.14	1	0	1	0.11
40	广州酒家	0.04	0	0.43	0.01	0.95	1	1	1	0.5
41	全聚德	0.77	0	0	0.05	0.95	1	0.05	1	0
42	上海家化	1	0.18	1	0.82	0.65	1	0.99	1	1
43	顺鑫农业	0.58	0.73	0	0.98	0.95	1	0.02	1	0.03
44	复星医药	1	0.88	1	1	0.95	1	0.5	1	1
45	老凤祥	0.04	1	0.7	1	0.05	1	1	1	1
46	上海医药	1	1	1	1	0.95	1	0.11	1	1
47	白云山	1	0.18	1	1	0.95	1	0.78	1	0.8

注：变量名的后缀F代表该变量的模糊集数据。

资料来源：笔者自制。下同。

二　必要条件检验

在对样本进行分析前，需要对单个变量进行必要条件检验，来确定是否有因素是创新结果的不可或缺条件。运用fsQCA 3.0软件分析，结果见表10–2。

表10–2　单个变量的必要条件检验（结果变量为专利申请量ZL_F）

变量	含义	一致率	覆盖率
SY_F	高商誉	0.514055	0.519810
~ SY_F	低商誉	0.522998	0.516400
NX_F	上市年限长	0.497019	0.471515
~ NX_F	上市年限短	0.530239	0.559551
YF_F	研发费用高	0.808348	0.808003
~ YF_F	研发费用低	0.264055	0.263718
GM_F	企业规模大	0.718058	0.701915
~ GM_F	企业规模小	0.326235	0.333333
XL_F	高管学历高	0.669080	0.606330
~ XL_F	高管学历低	0.424191	0.472262
ZY_F	主业老字号产品	0.905025	0.559210
~ ZY_F	非主业老字号产品	0.094974	0.247778
SYL_F	资产收益率高	0.756814	0.762661
~ SYL_F	资产收益率低	0.290460	0.287764
HJ_F	企业位于北上广深	0.248722	0.389333
~ HJ_F	企业不在北上广深	0.751278	0.551250

当一致率大于0.9时，说明该条件是导致结果的必要条件。从表10–2可以看出，企业的老字号业务为主是创新的必要条件。

三 组态比较分析

依据fsQCA，需要把模糊集数据进一步转化为清晰真值表，运用二分法进行赋值，0.5～1的赋值为1，0～0.5的赋值为0。在此基础上，得出组态比较分析的复杂解、中间解和简约解。其中复杂解是没有借助于任何逻辑余项而得出的结果；简约解是借助于逻辑余项得出的结果，却没有对逻辑余项的合理性做出任何评估；中间解是仅借助于与研究主题的理论和应用一致的逻辑余项而得出的最可能结论。一般来说，中间解要优于复杂解和简约解。本章依据目前研究的通用做法，采用中间解作为结果的前因条件，以简约解和中间解确定核心条件和外围条件。如果该条件仅出现在中间解中，记为外围条件；如果同时出现在简约解和中间解中，则记为核心条件。结果见表10-3。

表10-3 老字号企业创新的前因条件构型

构型	1	2	3	4	5	6	7	8
主营业务	●	●	●	●	●	●	●	●
高管学历		●	⊗	●				●
企业规模	●	●	●	●		●	⊗	●
研发费用	●	●	●	●	●	●	⊗	●
上市年限			⊗	●	⊗	⊗	⊗	●
商誉	⊗		⊗	⊗	●	●	●	●
企业环境	⊗	⊗	⊗		⊗	●	●	
资产收益率	●	●		●	●	●	●	⊗
一致率	0.9981	0.9911	0.9758	0.9963	0.9708	0.9867	0.8154	1
覆盖率	0.2249	0.1904	0.0860	0.1133	0.0992	0.1265	0.0226	0.0677

构型	1	2	3	4	5	6	7	8
净覆盖率	0.0473	0.0375	0.0256	0.0298	0.0392	0.0528	0.0221	0.0545
总体一致率	0.9824							
总体覆盖率	0.5456							

注：●或●表示该条件存在，⊗或⊗表示该条件不存在，空白表示构型中该条件同时有存在和不存在两种情况，●或⊗表示核心条件，●或⊗表示辅助条件（Greckhamer et al.，2018）。

由表10-3可知，老字号上市企业的创新路径有8种，它们的一致率均高于0.8，总体一致率达到0.9824，表明一致率均符合大于0.8的设定，表明所有前因条件均是企业创新的充分条件。覆盖率表示前因条件对结果的解释程度。本章的前因条件组态的净覆盖率在0.022和0.055之间，表明均为有效构型。总体覆盖率为0.5456，超过了样本的半数。

四 结果与讨论

从分析结果可以看出，老字号企业创新的组合路径有11条，每一种组合路径都包含企业的主营业务变量，这表明老字号产品必须是企业的主营业务才能驱动企业的创新，是企业创新的必要条件。这也与前面的分析一致。鉴于每一个前因条件都包含主营业务要素，因此下面的分析中将默认主营业务为包含因素，不再做具体的论述。由于老字号创新的前因较为复杂，因此本章在分析结果的基础上，进一步归纳和总结，以核心影响因素的不同组合提出四种老字号企业创新模式。

（1）技艺创新模式

这一类型包括1和4两个模式，主要特征是企业高管没有高学历或者不考虑学历高低。这类企业的高管一般以老字号产品的工艺技术传承人或非遗传承人为主，更多强调对产品的传承，在传承的基础上根据需求现状做适应性创新，归根结底是一种传承下的创新。但是这种类型的企业创新在保持以老字号业务为主的情况下，需要公司规模、研发费用以及资产收益率都保持较高的水准。从此类型案例如五粮液、东阿阿胶也可以看出这类企业更注重产品口感、疗效的传承，也是围绕传统传承下的强化口感、提高疗效方面申请专利。

（2）技术创新模式

这一类型包括2和6两个模式，主要特征是在公司经营方面没有短板。在公司以老字号业务为主的前提下，企业规模、研发费用、资产收益率，以及高管学历都保持着较高水准。这一类型的公司往往注重核心技术的突破，公司发展具有可持续性，许多基业长青的公司都具有这方面的特征。该类型的案例公司如贵州茅台、白云山以及上海家化等都是全面均衡发展的集团公司，具备持续创新发展的能力。

（3）理念创新模式

此类型有3和8两个子模式，主要特征是企业的资产收益率偏低，需要创新公司发展理念。一些老字号企业由于产品多为传统产品，加上传统的经验模式，资产收益率不高；或者企业有固定的消费人群，不需要考虑企业的资产收益率。这类企业需要在企业主营业务确定的前提条件下，企业规模、研发费用保持较高水准，企业高管也具有较高的学历水平，才能保证企业的创新。案例如上海医药、中新药业等侧重于药品零售的老字号连锁企业都没有太高的资产收益率，其创新需要企业高管的较高领导能力、公司的规模化经营，以及充足的研发费用。

（4）市场创新模式

这一类型有5和7两个子模式，主要特征是不考虑企业规模或者企业规模小、上市年限都较短。这类企业的创新需要高管具有较强的个人能力，以及企业产品能够带来高收益，因此此类企业的驱动创新因素是高管较高的学历水平以及企业的高资产收益率。案例如马应龙药业拥有马应龙痔疮膏等在细分市场占据主导地位的产品以及具有较高的资产收益率，要想通过创新在更广泛的市场参与竞争，确实需要企业高管的前瞻能力和组织领导能力。而案例如广州酒家拥有较高的区域知名度和传承的食品工艺配方，同样需要企业高管带领企业在新形势下实现创新和发展。

第五节　技艺、技术、理念、市场四种创新模式

一　研究结论

本章旨在探讨老字号企业创新的机理，并在此基础上寻找老字号企业的创新模式。通过实证分析，本章发现了四种不同类型的老字号企业创新模式。第一，技艺创新模式。注重传承的老字号企业，由对传承工艺熟悉的技术型传承人带领，围绕传承产品进行创新。第二，技术创新模式。该类老字号企业往往规模大、资产收益率高、研发费用高以及企业高管能力强，追求核心技术的突破发展。这类企业一般都是大型集团企业。第三，理念创新模式。一些老字号的

传统产品资产收益率低，需要公司适应新形势需要，更新发展理念，才能确保企业的持续发展。第四，市场创新模式。企业有高资产收益率的产品和出色的企业管理者，产品已经在利基市场取得较高占有率，这时候企业需要开拓新的市场。

二　研究贡献

本章以老字号上市企业为分析对象，采用定性比较分析方法探索老字号企业的创新机理，主要贡献表现在以下方面。第一，探索了老字号企业的创新机理。老字号创新是一个系统的过程，需要多种因素的协同，并不是一个唯一的路径，任一因素的参与、缺失或者空白状态都会影响其他因素的状况，带来创新前因的变化。第二，对不同的创新模式进行了划分。注重传承的企业、小企业、资产收益率低的企业，它们有不同的创新模式。该划分可以为不同类型的企业创新提供指导。第三，采用了模糊集定性比较分析法。该方法把定性和定量研究方法结合在一起，得到了比单一方法更为丰富和深入的结论，也为以后类似的研究提供了借鉴。

三　局限与展望

本章的局限主要有两个方面。一方面，本章涉及样本仅为上市老字号企业，虽然较为公开透明，具有可重复性，但是研究结论是否适应非上市的老字号企业，非上市的老字号企业是否还有其他类型的创新模式，还有待进一步研究。另一方面，由于研究老字号创新的文献不多，通过知网搜索CSSCI期刊发表的管理方向的老字号创新论文只有10多篇，因此本章在老字号创新影响因素的提取方面还有不足，需要进一步寻找影响因素，进而深入研究。

第十一章

研究结论与启示

本章将系统阐述本书研究结论、对企业的管理启示和对政府管理部门的建议，以及不足与展望。

第一节 深刻认识老字号的独特性

本书基于社会表征、共生理论、消费者融入、品牌韧性和幸福感等理论，采用结构方程模型和模糊集定性比较分析法（fsQCA），对老字号品牌时尚化的路径和机理进行了研究，也对老字号的品牌韧性等进行了探讨。具体结论如下。

（1）与时尚品牌相比，老字号品牌自身的定位往往不够清晰，使品牌在时尚创新的潮流、新奇、美观等维度上不能得到消费者的广泛认可。美观度的差异，使品牌产品无法给消费者带来形象价值，难以获得认可；新奇度的差异，使品牌产品无法给消费者带来刺激感，难以获得新颖、奇特的精神价值。虽然可以凭借一时的复古怀旧风带来销售额的提升，但是要想被消费者认同为时尚类品牌，还必须加大创新力度，增加品牌的复古时尚及其他时尚元素，从而赢得消费者的关注。

（2）老字号不仅使消费者怀旧，老字号的品牌传承也能够促进消费者的新起点心态，而新起点心态又能够促进消费者对老字号的品牌至爱。正如中国传统文化有阴阳两面一样，老字号品牌存在着新与旧两个相反的维度，一方面品牌传承促进品牌至爱，另一方面品牌怀旧抑制品牌至爱。总体来看，老字号的品牌传承蕴含着怀旧情绪，同时具有新起点心态，它们的共同作用影响着消费者对老字号的品牌至爱。

（3）时尚具有炫酷和简约的表征，它对促进消费者融入和消费者共享价值提升有显著的正向影响作用。由于炫酷表征的表现更加外在化，而简约表征的认知需要一个过程，所以在时尚表征对消费者融入的直接影响中，炫酷表征要高于简约表征。时尚表征会唤醒时尚消费者的认知，消费者会依据社群的符号表征和品牌传奇形成共享价值。代表时尚内涵的简约表征的影响力要远大于炫酷表征。消费者共享价值的提升能够促使消费者积极融入，同时消费者共享价值在时尚表征和消费者融入之间发挥显著的中介效应。共享价值的形成是一个选择性认知的较为理性的过程，所以与直接影响相反，简约表征的间接影响要远高于炫酷表征。总的来看，简约表征对消费者融入的总效应要高于炫酷表征，但起作用的路径并不相同，简约表征间接效应高，而炫酷表征直接效应高。

（4）品牌具有性别特性。"时尚"在所有品牌特征变量中最为鲜明，有原型性；品牌女性和中性气质对品牌时尚性的正向作用远高于品牌男性气质，消费者生理性别对此无调节效应，消费者气质性别和品牌类别仅对品牌女性和男性气质有调节效应，品牌中性气质不受影响，显示出稳定的强作用机制，老字号时尚性低于新品牌，主因在于其较弱的中性气质。

（5）老字号企业创新发展有四种模式。一是技艺创新模式。注重传承的老字号企业，由对传承工艺熟悉的技术型传承人带领，围绕传承产品进行创新。二是技术创新模式。该类老字号企业规模大、资产收益率高、研发费用高以及企业高管能力强，追求核心技术的突破发展。这类企业一般都是大型集团企业。三是理念创新模式。一些老字号的传统产品资产收益率低，需要公司适应新形势需要，更新发展理念，才能确保企业的持续发展。四是市场创新模式。多为中小型企业，企业有高资产收益率的产品和出色的企业管理者，产品已经在利基市场取得较高占有率，这时候企业需要开拓新的市场。

（6）老字号实现高品牌韧性有三种路径。一是以开放为导向的探索创新型路径。该类型原产地联结强，组织同时具备较高的开放性和创新性。这类品牌立足但不拘泥于传统，强调创新并充分利用外部资源，不断探索新的领域，进行大量的多元化尝试。二是以价值观为导向的专业创新型路径。这类品牌专注于围绕自己的传统主业进行创新，持续深化、拓展，组织开放性和品牌传奇并不十分必要。三是开放和价值观双元导向的"博物馆"型路径。这类品牌的品牌价值观和品牌传奇在其创办地极具影响力，历史红利丰厚，创新动机不强，但"博物馆"不能封闭，必须是开放的，要经常借助外部资源才能传承下去。不同路径代表着影响因素的不同组合方式和韧性构建模式，但所有路径都必须将品牌条件和组织条件相结合，二者缺一不可。探索创新型和专业创新型路径涵盖了多数案例，是高品牌韧性的主要实现路径，但是传统优势强大并保持开放的"博物馆"型路径同样能够实现高品牌韧性。研究也发现了四种导致非高品牌韧性的路径，其中品牌价值观的缺失或涣散起着主要作用，缺乏组织开放性又试图创新的路径尤其具有代表性。

（7）老字号具有男性化的直觉倾向，而时尚具有女性化的潜在刻板印象。时尚与艺术合谋并且女性化转向，以感性方式反抗现代性的弊端和异化；儒家实用理性传统为老字号驱逐了艺术性、女性和科学理性，发展出"男性化直觉"的认识论，从而与时尚偏离，其技术的即兴、内隐不仅围造了地方性藩篱，还抑制了多元化和品牌延伸。引入组织正念理论，认为其开放、好奇、接纳的认识论可以帮助老字号建构统合感，消解性别、艺术、科学之区隔，这是"儒释道"中"释"和"道"成分的增加，也与后现代性和时尚共振。

（8）老字号能够给消费者带来幸福感。首先它通过建立与消费者的仪式化互动，在互动过程中激发消费者对老字号品牌传统文化的认同与自信，同时产生对品牌的激情与亲密性，提高消费者的情感体验，提升消费者幸福感。其次，情感能量的亲密性与激情维度，对老字号品牌仪式和幸福感的中介效应显著，可以看出老字号品牌仪式可以通过影响消费者的亲密性与激情影响消费者的幸福感。再次，消费者考虑集对老字号品牌仪式与幸福感的中介效应显著，显示老字号品牌仪式可以通过影响消费者考虑集影响消费者幸福感。最后，情感能量与消费者考虑集形成双重中介效应。情感能量的亲密性维度和激情维度作用于消费者考虑集，消费者考虑集再对老字号品牌仪式和幸福感形成中介效应，由此可知老字号品牌仪式可以作用于情感能量，情感能量再次作用于消费者考虑集，再由消费者考虑集对幸福感产生影响。

第二节　由内至外，张弛有度，提升老字号时尚性

使老字号品牌在保持传承的同时，融入新的流行元素，成为时尚化的老字号品牌，是老字号具备高品牌韧性的关键所在。本书基

于社会表征和共生等理论，构建了老字号时尚化路径和实现模式，由此得出的管理启示如下。

老字号在进行品牌营销及品牌形象塑造时，既要在产品原有形象的基础上增加新的时尚创新元素，也要保留老字号品牌的经典款式，唤起消费者的怀旧情怀。但是要避免过度引导消费者陷入怀旧情怀，虽然怀旧会勾起消费者对于过往产品的回忆，但是也可能使消费者陷入品牌陈旧的情怀中，进而使消费者忽略了新产品。虽然老字号品牌是企业宝贵的品牌资产，但怀旧可能使消费者将品牌与过时产品进行思维上的匹配，进而影响产品在消费者心中的时尚形象，从而抑制消费者对品牌的至爱。因此，老字号品牌需要掌握怀旧营销的策略，营销重点应该为突出现有产品价值。

老字号品牌企业应该着力塑造消费者的新起点心态。一方面，从消费者对企业适应的视角来看，老字号品牌企业需要引导消费者接纳该品牌不断推出新产品和产生新变化的事实，并且不断与时尚结合，形成新的产品，不断满足或引领消费者需求。另一方面，从企业对消费者适应的视角来看，老字号品牌企业需要直面不同代际消费者新起点心态的变化特点，将企业的品牌优势与新生代消费者的需求不断结合，优化产品的功能，结合符号、标识等引导消费者喜爱品牌，从而促进老字号品牌企业的可持续发展。

老字号企业在维系老字号品牌原产地联结和价值观的基础上，首先应该侧重于时尚表征的开发和建构，尤其是简约表征的建构，以提高产品或品牌的共享价值。其次，坚持技术创新，现代科学可以复制、超越和再造传统技术，让传统技术焕发青春。再次，巩固甚至重建原产地联结，保持老字号的高品牌韧性。原产地联结具有较高的韧性价值，品牌真实性理论将原产地视为真实性的重要构成，是口碑建立和传播的真正源泉。最后，坚守或重塑价值体系。ESG可持续发展理念已在世界各国得到越来越多的认可，价值观绝不是说说而已，而是有确切的现实意义，单变量必要性分析和非高品牌韧性组态分析从反面为我们揭示了这种重要性：坚守价值观虽不足以拥有高韧性，但可以对抗非高品牌韧性或者说脆性。这尤其为许多处在困难处境中的小微老字号企业提供了启示，它们的经营目标通常停留在谋生安身层面，相对封闭，常慨叹时代变迁、时移势易，但事实是这些公司往往过于强调技艺的传承，而忽视价值的传承，缺乏品牌个性，只是一味笼统地传播"正宗""历史"等的同质化形象，以致在市场中随波逐流，因此首要任务在于重塑价值和使命感，并真正认同和坚守，从而为不畏挫折、更高追求提供精神支撑，唯此才能增强开放性，才能摒弃"男外女内""传男不传女""一招鲜吃遍天"等的狭隘观念，转而积极吸收外部资源和女性智慧以赋能创新，从而实现高品牌韧性。

老字号企业应积极构建、宣传自己具有传统文化属性的品牌仪式。首先，老字号品牌在历史的积淀中形成自己独特的文化与产品，具有民族的文化特征。在品牌仪式中，消费者的消费、文化认同都会影响消费者的情感、选择。其次，老字号的品牌仪式要更多融入对消费者情感唤起有影响的文化元素，使消费者与品牌有情感共鸣。再次，老字号品牌要立足传统文化，强化品牌仪式、文化在品牌营销中的占比，影响消费者考虑集的组成，使老字号品牌与其他品牌形成区隔。最后，老字号品牌应充分挖掘消费者的民族自信，使消费者在参与老字号品牌仪式的过程中，内心深处的愉悦由个人愉悦升级为国家幸福感，从而形成品牌忠诚，甚至品牌崇拜。

从认识论的角度剖析、建构、推广老字号时尚化。正如有观点认为把技术变成艺术、让产品成为作品的感性智慧是苹果公司的核心能力一样，老字号能够传承至今，其核心竞争力是品牌承载的中华民族传统文化。但中华民族的传统文化是一个与时俱进的优秀文化，不能只是宣传其"传统特色"的一面，而忽略了其"时代色彩"的另一面。所以，需要用正念统合性别、艺术、科学理性和实用理性，来转化、更新老字号"男性化直觉"的认识论，而不是只进行口号、形象方面的表层渲染，从而推动老字号的艺术素养和气质转变，使老字号既具有文化内涵又具有时尚品位，能够成为"讲好中国故事"的重要组成部分，进而纳入重大主题宣传范畴。

第三节　五大问题与五力建议

本书项目组对河南、安徽、福建等地的老字号企业进行了调查研究，调研了50多家老字号和非物质文化遗产企业，访谈了20多个老字号企业负责人和高级管理人员，线上线下向社会共发放了近5000份问卷，回收了2000多份有效问卷，运用了结构方程模型、组态分析等研究方法和fsQCA等分析工具，发现老字号企业普遍存在"小、慢、老、断、弱"五大问题，并有针对性地提出了老字号企业高质量创新发展的"五力提升"建议。

一　中国老字号企业面临的主要问题

研究发现，目前老字号企业普遍存在"小、慢、老、断、弱"五大问题。

"小"。企业规模普遍较小，缺乏有竞争力的带头企业，没有发挥榜样的引领作用，缺乏区域品牌的合力效应。目前商务部公布的中华老字号上市企业59家，平均流动市值约为101亿元。考虑到以贵州茅台为主的酒类企业的超高市值，一般老字号企业的平均流动市值与全国A股4464家上市公司179亿元的平均流动市值差距较大，缺乏行业领导者。

"慢"。经营管理模式落后，导致发展缓慢、不能满足快速发展的社会需求。从2006年商务部开始认定老字号以来，老字号企业进入了快速发展阶段。如许多地方老字号成为全国性品牌，老字号上市公司也达到了59家。但是去除高速发展的高科技企业，老字号企业平均增长水平仍然远低于其他类型企业。

"老"。思维老化，对新的流行文化、消费文化和时尚潮流文化的融合，以及科技文化对落后观念的置换，较为缺乏。过于强调传承，忽略了传承下的创新，不能满足消费者不断升级的新需求。在调研中，84.7%的老字号企业负责人和管理人员强调传承，消费者对老字号老化的打分率高达86.34%。

"断"。人才断层严重，忽视标准化建设，尤其是缺乏现代化、精细化指标的控制。多数老字号的传承仍然采取"师傅带徒弟"的模式，易形成传承断层。除贵州茅台、泸州老窖、宋河、张弓、宝丰等酒类企业外，道口烧鸡、逍遥镇胡辣汤等都特别强调直系亲属或师徒传承，均出现不同程度的断层。

"弱"。老字号的品牌拉动效应比较弱。一是没有形成强有力的原产地产业链，无法拉动原产地原材料生产加工一条龙的区域产业链发展。二是与地域品牌的打造结合不足。与城市品牌建设、乡村振兴、特色旅游结合不够，缺乏对原产地要素的一体化宣传，弱化了品牌的独特性，无法带动整个区域经济的发展。

二　中国老字号企业高质量创新发展的建议

为了推动老字号在创新中传承、实现高质量发展、促进地方经济发展，本书提出了"五力提升"建议。

1.提升老字号头雁企业的品牌竞争力

提升老字号头雁企业品牌竞争力，老字号品牌要深度挖掘品牌历史，重新提炼品牌内涵和理念，重塑品牌形象，加速品牌升级；政府和行业协会要加强对地域品牌的管理，可以借鉴一些区域品牌建设经验，培育建设地域品牌，不断提高区域品牌竞争力。

2.提升老字号企业的现代化管理能力

老字号企业多为小微企业，多采取家庭作坊式的经营管理模式，建议政府和行业协会对老字号企业组织开展现代经营管理模式的培训，包括制度创新、模式创新、管理创新、经营创新等；提高老字号企业市场竞争力，政府应出台有针对性的政策，鼓励企业在云计算、大数据、电子商务、网络营销、品牌管理、文化传承等方面深入发展。

3.提升老字号企业的传承与创新能力

针对老字号企业思维老化、创新意识缺乏的问题，政府和行业协会应组织老字号企业多交流，鼓励专家为老字号企业进行相关培训，引导和培养企业的创新意识，鼓励企业多进行营销创新、产品创新、服务创新、融合创新等，不断提升创新能力。老字号企业应运用新媒体多与年轻人互动，运用数字营销技术打造高势能、高颜值的时尚品牌，吸引新一代的消费者，让品牌在持续创新中年轻化、时尚化。

4. 提升老字号企业的人才培养能力

政府和行业协会应鼓励老字号与高校、职业院校合作，开展人才培训和技艺交流，创新人才培养模式。在高校、职业院校设立传承班、技术培训班等，避免出现传承技艺的人才断层。

5. 提升老字号品牌的产业链拉动力

充分发挥老字号的原产地品牌效应，形成老字号品牌产业链。许多老字号品牌往往也是地域品牌，其诸多原材料往往具有排他性，老字号企业需要使用当地原材料才能保持原汁原味。政府可以通过支持老字号品牌的发展，建设基于老字号品牌的地方产业链；结合老字号特色，打造地域品牌、乡村特色旅游，从而振兴地方经济。

第四节　研究不足与展望

基于社会表征等相关理论及利用方差分析、回归分析、结构方程模型和定性比较分析法，本书探讨了老字号品牌时尚化的机理，构建了其实现路径，揭示了老字号品牌时尚化创新的关键要素，实践上为老字号的品牌韧性管理提供了模式建议。但本书在数据获取、方法应用以及路径机理等方面仍有改进的空间。

第一，样本的局限问题。本书的初始构想是进行广义的老字号研究，不但包括中华老字号企业，也包含省区市等地方老字号企业，以及具有非物质文化遗产技艺传承的企业，以期为所有承载中华传统文化的企业提供发展建议。但是现实研究中具有非遗技艺传承的企业多规模偏小，传承发展的资料不够清晰，因此本书在此方面的研究不够深入。建议未来的研究可以面向具有非物质文化遗产技艺传承的小微企业开展，从而为此类企业发展提供理论指导。

第二，老字号企业的行业局限和地域局限问题。本书的研究对象涉及餐饮、服装、医药等行业类型。但本书并没有对此进行类别差异的区分，这些类型的企业的产品有可能在时尚化创新中出现差异。另外，本书的数据以47家老字号上市企业和河南省的18家中华老字号为主，对于河南省商务厅批准的217家老字号企业以及其他省份的老字号企业涉及较少，可能会出现局部特征与整体特征的差异。建议未来的研究在行业、地域等方面进行拓展，使研究更具代表性。

第三，老字号时尚化的机理路径转换问题。本书在对老字号的品牌传承、时尚表征、品牌性别化、品牌韧性等进行研究的基础上，从认识论的高度系统分析了老字号时尚化的实现路径，但是仅进行了案例实现的对比分析。在分析过程中发现如果只进行口号、形象方面的表层量化路径分析，研究结论将流于浅显，理论与实践意义较弱。建议未来的研究聚焦更多的案例分析，采用动态分析和神经分析研究老字号时尚化的实现路径，从而提高研究的深度和广度。

参考文献

[1] 阿多诺. 美学理论 [M]. 王柯平译. 成都: 四川人民出版社, 1998.

[2] 埃伦·兰格. 专念: 积极心理学的力量 [M]. 王佳艺译, 杭州: 浙江人民出版社, 2012.

[3] 奥尔特加·伊·加塞特. 艺术的去人性化 [M]. 莫娅妮译, 南京: 译林出版社, 2010.

[4] 白琳, 王佩, 张晓吉. 国外品牌性别研究进展探析 [J]. 上海管理科学, 2018, 40 (1): 23~28.

[5] 让·波德里亚. 象征交换与死亡 [M]. 车槿山译, 南京: 译林出版社, 2006.

[6] 鲍勇剑. 管理 "意料之外": 建立应对动荡环境的牢靠组织: 管理大师卡尔·维克专访 [J]. 清华管理评论, 2016 (11): 42~54.

[7] 汤姆·彼得斯, 罗伯特·沃特曼. 追求卓越: 探索成功企业的特质 [J]. 胡玮珊译, 北京: 中信出版社, 2018.

[8] 陈绘, 魏梦姣. "老字号" 品牌形象设计的创新模式探索 [J]. 东南大学学报 (哲学社会科学版), 2014 (6): 75~79.

[9] 陈红花, 臧树伟, 罗小根. "互联网+" 背景下企业创新开放度影响因素实证研究 [J]. 科技进步与对策, 2017 (21): 139~146.

[10] 陈瑞霞, 周志民. 文化旅游真实性感知对旅游者忠诚的影响机制研究: 基于旅游者幸福感的中介效应 [J]. 商业经济与管理,

2018（1）：61～74.

［11］成伯清．走出现代性：当代西方社会学理论的重新定向［M］．
北京：社会科学文献出版社，2006.

［12］崔淼，周晓雪，蔡地．新兴市场企业如何塑造组织韧性——基于
路径构造理论的案例研究［J］．管理案例研究与评论，2020（6）：
646～657.

［13］邓晓芒．中西艺术精神比较［J］．艺术百家，2010（4）：44～56.

［14］丁有有．尼采的预言：刍议"酒神精神"在后现代性主义艺术中
的重塑［J］．艺术科技，2013，26（6）：131～133.

［15］杜运周，贾良定．组态视角与定性比较分析（QCA）：管理学
研究的一条新道路［J］．管理世界，2017（6）：155～167.

［16］段文杰．正念研究的分歧：概念与测量［J］．心理科学进展，
2014，22（10）：1616～1627.

［17］凡勃仑．有闲阶级论：关于制度的经济研究［M］．蔡受百译，
北京：商务印书馆，1964.

［18］费涛．荣格原型梦的观点及相关实证研究［J］．社会心理科学，
2010，25（7）：9～13.

［19］冯立杰，杜靖宇，王金凤，岳俊举．颠覆式创新视角下后发企业
价值网络演变路径［J］．科学学研究，2019，37（1）：177～185.

［20］高秀明．论性别差异与服装时尚［J］．武汉纺织大学学报，2015，
28（5）：17～21.

［21］顾红磊，温忠麟．多维测验分数的报告与解释：基于双因子模
型的视角．心理发展与教育，2017，33（4）：504～512.

［22］何佳讯．中国文化背景下品牌情感的结构及对中外品牌资产的
影响效用［J］．管理世界，2008（6）：95～108.

［23］何佳讯.老字号品牌个性认知对品牌延伸评价的影响及管理含义［C］//.上海市社会科学界联合会.中国经济60年道路、模式与发展：上海市社会科学界第七届学术年会文集（2009年度）.上海：上海人民出版社，2009.

［24］何佳讯.我们如何怀念过去？中国文化背景下消费者怀旧倾向量表的开发与比较验证［J］.营销科学学报，2010，6（3）：30～50.

［25］何佳讯，秦翕嫣，杨清云等.创新还是怀旧？长期品牌管理"悖论"与老品牌市场细分取向———一项来自中国三城市的实证研究［J］.管理世界，2007（11）：96～107+149.

［26］黄胜兵，卢泰宏.品牌个性维度的本土化研究［J］.南开管理评论，2003，6（1）：4～9.

［27］黄苏萍，马姗子，赵晓蕾."自己努力，同行助力"：共生视角下多品牌危机修复研究［J］.经济与管理研究，2020，41（3）：133～144.

［28］伽达默尔.真理与方法［M］.洪汉鼎译，北京：商务印书馆，2007.

［29］简·雅各布斯.美国大城市的死与生［M］.金衡山译，南京：译林出版社，2005.

［30］简予繁，周志民.老字号品牌广告采用流行文化对品牌真实性的影响：一个有中介的调节模型［J］.商业经济与管理，2019（5）：57～68.

［31］蒋廉雄、何云、朱辉煌等.品牌原型的理论基础、研究回顾与展望［J］.外国经济与管理，2010，32（1）：41～49.

［32］蒋诗萍，饶广祥.品牌神话：符号意义的否定性生成［J］.国际新闻界，2015（3）：79～90.

［33］金惠敏.差异［M］.开封：河南大学出版社，2005.

［34］姬志恒，王兴元．老字号品牌文化属性与企业价值关联性研究：以我国51家老字号上市公司为样本［J］．山东社会科学，2014（8）：137～141.

［35］吉姆·柯林斯，杰里·波勒斯．基业长青：企业永续经营的准则［M］．真如译，北京：中信出版社，2019.

［36］拉斯·史文德森．时尚的哲学［M］．李漫译，北京：北京大学出版社，2010.

［37］李安民．关于文化涵化的若干问题［J］．中山大学学报（哲学社会科学版），1988（4）：45～52.

［38］李韵琴．消费者品牌至爱原因调查［D］．厦门：厦门大学，2014.

［39］廖成林，杨恒．品牌的性别气质量表编制［J］．软科学，2007，21（2）：25～28.

［40］伯努瓦·里豪克斯，查尔斯·C. 拉金．QCA设计原理与应用：超越定性与定量研究的新方法［M］．杜运周等译．北京：机械工业出版社，2017.

［41］林秉贤，张克荣．学术全集：社会心理学：上下册［M］．长春：吉林人民出版社，2003.

［42］刘海兵，冯文静，张文礼．中华老字号文化传统、创新与能力动态分析［J］．科学学研究，2019，37（1）：142～155.

［43］刘苏鑫．回力：老字号的时尚演义［J］．销售与市场，2011（14）：71～73.

［44］刘英为，汪涛，聂春艳等．如何应用国家文化原型实现品牌的国际化传播：基于中国品牌海外社交媒体广告的多案例研究［J］．管理世界，2020（1）：88～104+236.

［45］卢埃琳·内格林．作为图像的自我：对后现代性时尚理论的批

判性评价 [J]. 苏怡欣译. 艺术设计研究，2011（2）：5~14.

[46] 卢勤，苏彦捷. 对Bem性别角色量表的考察与修订 [J]. 中国心理卫生杂志，2003，17（8）：550~553.

[47] 陆扬. 后现代性别理论的文化内涵 [J]. 理论与现代化，2012（6）：86~91.

[48] 马萨基·科塔比，克里斯蒂安·赫尔森. 全球营销管理（第三版）[M]. 刘宝成译，北京：中国人民大学出版社，2005.

[49] 尼尔森·古德曼. 艺术语言 [M]. 北京：光明日报出版社，1990.

[50] 卜松山. 儒家传统的历史命运和后现代性意义 [J]. 传统文化与现代化，1994（5）：86~89.

[51] 仇保兴，姚永玲，刘治彦等. 构建面向未来的韧性城市 [J]. 区域经济评论，2020（11）：1~11.

[52] 齐美尔. 时尚的哲学 [A]. 罗钢，王中忱主编. 消费文化读本 [C]. 北京：中国社会科学出版社，2003：241~265.

[53] 冉雅璇，卫海英. 品牌仪式如何形成？——基于扎根理论的探索性研究 [J]. 经济管理，2017（12）：108~121.

[54] 任大帅，朱斌，史轩亚. 高层管理者风格对企业主流与新流创新影响实证研究 [J]. 中国科技论坛，2018（3）：91~99.

[55] 荣格. 红书 [M]. 周党伟译，北京：中央编译出版社，2013.

[56] 舒畅. 文化涵化视域下儒家文化在韩国的传播及影响研究 [J]. 中华文化论坛，2015（4）：39~42.

[57] 四方田犬彦. 论可爱 [M]. 济南：山东人民出版社，2011.

[58] 史雅文，张捷，毕砚昭. 基于耗散结构理论的企业组织韧性构建路径与对策研究 [C] //. 第十五届中国管理学年会论文集，2020（12）.

［59］宋国学. 创业韧性：概念、测量与影响［J］. 商业经济与管理，2019（2）：22～29.

［60］宋雷雷，史亚娟. 二十世纪六、七十年代复古时尚研究［J］. 设计，2016（13）：62～64.

［61］宋思根，郭雪影. 产品外观特征组合植入对受众记忆的影响［J］. 北京工商大学学报（社会科学版），2018，33（6）：54～62.

［62］宋一苇. 后现代性在中国：时尚的？还是批判的？［J］. 中国图书评论，2006（3）：25～28.

［63］滕守尧. 西方"女性主义"与新道家［J］. 河北学刊，1994（3）：90～96.

［64］田超杰. 市场营销领域的时尚研究缘起、内容及展望［J］. 中国流通经济，2012，26（8）：87～93.

［65］王成荣，王玉军. 老字号品牌价值评价模型［J］. 管理评论，2014（6）：98～106.

［66］王德胜，杨志浩，韩杰. 老字号品牌故事主题影响消费者品牌态度机理研究［J］. 中央财经大学学报，2021（9）：88～99.

［67］王凤彬，江鸿，王璁. 央企集团管控架构的演进：战略决定、制度引致还是路径依赖？——一项定性比较分析（QCA）尝试［J］. 管理世界，2014（12）：92～114+187～188.

［68］王海忠，王骏旸，罗捷彬. 要素品牌策略与产品独特性评价：自我建构和产品性质的调节作用［J］. 南开管理评论，2012（4）：111～117.

［69］王骏旸，王海忠，梁剑平等. 品牌原产地联结的时空维度对负面信息的抑制作用［J］. 中大管理研究，2011，6（3）：1～14.

［70］王列生. 时尚艺术：介质合谋与本体变异［J］. 艺术百家，2014，

30（4）：81～104.

[71] 王孟成. 潜变量建模与 Mplus 应用：基础篇 [M]. 重庆：重庆大学出版社，2014.

[72] 王秋月. 老国货品牌市场再生之策 [J]. 经营与管理，2010（9）：21～22.

[73] 王晓升. 评鲍德里亚对时尚的后现代性主义阐释 [J]. 社会科学辑刊，2013（3）：5～10.

[74] 王晓玉，晁钢令. 西方消费者考虑集研究综述 [J]. 外国经济与管理，2005，27（10）：26～32.

[75] 王昕. "性别形象" 的后现代性解释：基于消费时代的来临 [J]. 兰州学刊，2010（3）：127～130.

[76] 王勇. 组织韧性的构念、测量及其影响因素 [J]. 首都经济贸易大学学报，2016（4）：120～128.

[77] 汪珍. 品牌仪式对品牌忠诚的影响研究 [D]. 杭州：浙江工业大学，2020.

[78] 卫海英，毛立静. 服务仪式对消费者幸福感的影响研究：基于互动仪式链视角 [J]. 暨南学报（哲学社会科学版），2019（12）：79～90.

[79] 卫海英，王颖，冉雅璇等. 小事情、大幸福：互动仪式链理论视角下服务仪式对品牌福祉的影响 [J]. 心理科学进展，2018，26（7）：1141～1151.

[80] 卫海英，熊继伟，毛立静. 品牌仪式的 "见" 之效应：品牌仪式如何影响消费者信任 [J]. 商业经济与管理，2020，40（12）：50～60.

[81] 尉建文，黄莉. "老字号" 企业品牌创新及其影响因素 [J].

广西师范学院学报（哲学社会科学版），2016（1）：13～18.

［82］尉建文，刘波."老字号"企业技术创新影响因素的实证分析
［J］.广西民族大学学报（哲学社会科学版），2015（2）：72～76.

［83］温忠麟，叶宝娟.测验信度估计：从 α 系数到内部一致性信
度.心理学报，2011，43（7）：821～829.

［84］伍尔夫.一间自己的房间［M］.宋伟航、齐彦婧译，沈阳：辽
宁教育出版社，2010.

［85］吴水龙，卢泰宏，苏雯."老字号"品牌命名研究：基于商务
部首批老字号名单的分析［J］.管理学报，2010（12）：1799～
1804.

［86］吴越民.性别歧视话语与中西文化差异性［J］.浙江大学学报
（人文社会科学版），2011，41（6）：113～120.

［87］邢占军.主观幸福感测量研究综述［J］.心理科学，2002，25
（3）：336～338+342.

［88］熊海峰，祁吟墨.基于共生理论的文化和旅游融合发展策略研
究：以大运河文化带建设为例［J］.同济大学学报（社会科学
版），2020，31（1）：40～48.

［89］许晖，张海军，冯永春.传承还是重塑？本土老字号品牌活化
模式与机制研究：基于品牌真实性与价值迁移视角［J］.管理
世界，2018（4）：146～161.

［90］徐敏.时尚、性别与社会再生产［J］.天津社会科学，2004
（1）：104～108.

［91］徐伟，冯林燕.老字号真实性对口碑传播意向的影响机制研究
［J］.中央财经大学学报，2018（1）：93～101.

［92］徐伟，王平，王新新等.老字号真实性的测量与影响研究

[J]. 管理学报，2015，12（9）：1286~1293.

[93] 徐伟，王新新，刘伟. 老字号真实性的概念、维度及特征感知：基于扎根理论的质性研究 [J]. 财经论丛，2015（11）：80~87.

[94] 许衍凤，范秀成，朱千林. 基于文化契合度的老字号品牌延伸对品牌忠诚的影响研究 [J]. 北京工商大学学报（社会科学版），2018（2）：62~72.

[95] 薛海波. 品牌仪式：打造粉丝忠诚的利器 [J]. 清华管理评论，2015（Z1）：56~62.

[96] 薛海波. 社群互动仪式、情感能量和粉丝忠诚 [J]. 华东师范大学学报（哲学社会科学版），2021，53（3）：134.

[97] 杨德锋，李清，赵平. 品牌特性对品牌至爱的影响：品牌借用倾向和物质主义价值观的调节作用 [J]. 北京工商大学学报（社会科学版），2012，27（5）：12~19.

[98] 杨烨. 负面宣传类型对品牌态度的影响：产品卷入度与面子意识的调节作用 [D]. 南京：南京大学，2019.

[99] 俞满娇. 西方品牌口号研究回顾与评析 [J]. 外国经济与管理，2013（3）：47~56.

[100] 徐鑫亮，于泽卉，孟蕊. 新媒体环境下消费者互动、品牌情感与购买行为：基于互动仪式链理论的分析 [J]. 商业研究，2018（7）：24~32.

[101] 袁芃. 时尚的祛魅：时尚、现代性与消费的当代合谋的解读 [J]. 哲学动态，2007（1）：29~34.

[102] 詹姆斯·马奇. 马奇论管理：真理、美、正义和学问 [M]. 丁丹译，北京：东方出版社，2010.

[103] 张红萍. 儒家能安顿现代女性吗? [J]. 中华女子学院学报, 2016（4）: 80~85.

[104] 张会锋. 里斯和特劳特定位理论反思: 一个基于认知的实证研究 [J]. 管理世界, 2013（7）: 113~122.

[105] 张会锋, 蒋妍. 老字号时尚化的逻辑困境: 艺术、性别和正念 [J]. 清华管理评论, 2019（Z2）: 96~103.

[106] 张明, 杜运周. 组织与管理研究中QCA方法的应用: 定位、策略和方向 [J]. 管理学报, 2019（9）: 1312~1323.

[107] 张娜, 王丽丹, 刘小文. 消费者超现实体验对品牌至爱的影响研究: 自我碎化的调节效应 [J]. 金华职业技术学院学报, 2016, 16（4）: 41~47.

[108] 张祥龙. "性别" 在中西哲学中的地位及其思想后果 [J]. 江苏社会科学, 2002（6）: 1~9.

[109] 张莹, 孙明贵. 中华老字号品牌资产增值: 一个创新与怀旧契合的案例分析 [J]. 当代经济管理, 2010（4）: 21~25.

[110] 张宇, 丁长青. 技术间断与企业持续技术创新 [J]. 中国科技论坛, 2018（3）: 10~18.

[111] 赵速梅, 时曼丽. 用文化融合理论简析苏州博物馆新馆的文化特征 [J]. 海外英语, 2013（13）: 9~10.

[112] 赵杨, 袁析妮, 李露琪. 基于社会资本理论的问答平台用户知识付费行为影响因素研究 [J]. 图书情报知识, 2018, 184（4）: 17~25.

[113] 赵占波. 品牌资产维度的探索性研究 [J]. 管理科学, 2005（5）: 10~16.

[114] 郑玲, 吕嘉祺, 周志民. 品牌消费仪式 [J]. 企业管理, 2017

（12）：97～98.

[115] 郑威. 人类学文化变迁之文化涵化：以广西贺州客家族群的文化变迁为例［J］. 广西社会科学，2006（7）：180～183.

[116] 郑星，张荣齐. 中外强势老字号品牌比较研究［J］. 山西财经大学学报，2010（S2）：166、171.

[117] 钟熙，陈伟宏，林越颖. CEO特征、国际化速度与企业绩效［J］. 中国科技论坛，2018（9）：141～147.

[118] 周青，聂力兵，毛崇峰等. 企业微创新：研究述评与展望［J］. 科技进步与对策，2019，36（2）：159～166.

[119] 周洋，张庆普. 高端颠覆性创新的技术演进轨迹和市场扩散路径［J］. 研究与发展管理，2017（6）：102～111.

[120] 周志民. 品牌管理：第2版［M］. 天津：南开大学出版社，2015.

[121] 朱狄. 当代西方艺术哲学［M］. 武汉：武汉大学出版社，2007.

[122] 朱伟珏. 权力与时尚再生产　布迪厄文化消费理论再考察［J］. 社会，2012，32（1）：88～103.

[123] Aaker D. A. Measuring brand equity across products and markets[J]. California management review, 1996, 38(2): 102–120.

[124] Aaker J. L. Dimensions of brand personality[J]. Journal of marketing research, 1997, 34(3): 347–356.

[125] Aaker J., Fournier S., Brasel S. A. When good brands do bad[J]. Journal of Consumer research, 2004, 31(1): 1–16.

[126] Aaker D. Innovation: Brand It or Lose It[J]. California Management Review, 2007, 50(1):8–24.

[127] Alba J. W., Hutchinson J. W. Dimensions of consumer expertise[J]. Journal of customer research, 1987, 13(4): 411–454.

［128］Balmer J. M. T., et al. Corporate heritage brands: Mead's theory of the past[J]. Corporate Communications: An International Journal, 2013, 18(3): 347-361.

［129］Barker C. Cultural studies: Theory and practice[M]. Sage, 2003.

［130］Baumgarth C. Wirkungen des co-brandings[J]. Erkenntnisse durch master technikplurali smus Carsten, 2003, 11(2): 25-28.

［131］Beckers S. F. M., Van Doorn J., Verhoef P. C. Good, better, engaged? The effect of company-initiated customer engagement behavior on shareholder value[J]. Journal of the Academy of Marketing Science, 2018, 46(3): 366-383.

［132］Bellman L. M. Entrepreneurs: Invent a new brand name or revive an old one?[J]. Business Horizons, 2005, 48(3): 215-222.

［133］Bem S. L. The Measurement of Psychological and Rogyny[J]. Journal of Consulting and Clinical Psychology, 1974, 42(2): 155-162.

［134］Benner M. J., Tushman M. L. Exploitation, exploration, and process management: The productivity dilemma revisited[J]. Academy of management review, 2003, 28(2): 238-256.

［135］Blumer, Herbert. Fashion: From Class Differentiation to Collective Selection[J]. Sociological Quarterly, 1969, 10(3): 275-291.

［136］Boccardi A., Ciappei C., Zollo L., et al. The role of heritage and authenticity in the value creation of fashion brand[J]. International Business Research, 2016, 9(7): 135-143.

［137］Bock D. E., Eastman J. K., Eastman K. L. Encouraging consumer charitable behavior: The impact of charitable motivations, gratitude, and materialism[J]. Journal of Business Ethics, 2018, 150(4): 1213-1228.

[138] Bonanno G. A. Uses and abuses of the resilience construct: loss, trauma, and health-related adversities[J].Social Science and Medicine, 2012, 74(5): 753-756.

[139] Brodie R. J., Hollebeek L. D., Jurić B., et al. Customer engagement: Conceptual domain, fundamental propositions, and implications for research[J]. Journal of service research, 2011, 14(3): 252-271.

[140] Brodie R. J., Ilic A., Juric B., et al. Consumer engagement in a virtual brand community: An exploratory analysis[J]. Journal of business research, 2013, 66(1): 105-114.

[141] Brown S., Kozinets R. V., Sherry Jr J. F. Teaching old brands new tricks: Retro branding and the revival of brand meaning[J]. Journal of marketing, 2003, 67(3): 19-33.

[142] Campbell, C. The Romantic Ethtic and The Sprit of Modern Consumerism[M]. Oxford: Blackwell. 1987.

[143] Caprara G. V., Barbaranelli C., Guido G. Brand personality: How to make the metaphor fit?[J]. Journal of economic psychology, 2001, 22(3): 377-395.

[144] Carroll B. A., Ahuvia A. C. Some antecedents and outcomes of brand love[J]. Marketing Letters, 2006, 17(2): 79-89.

[145] Chiu C. M., Wang E. T. G., Shih F. J., et al. Understanding knowledge sharing in virtual communities: An integration of expectancy disconfirmation and justice theories[J]. Online Information Review, 2011, 35(1): 134-153.

[146] Cho E., Fiore A. M., Russell D. W. Validation of a fashion brand image scale capturing cognitive, sensory, and affective associations:

Testing its role in an extended brand equity model[J]. Psychology & Marketing, 2015, 32(1): 28–48.

[147] Choi J., Kim S. Is the smartwatch an IT product or a fashion product? A study on factors affecting the intention to use smartwatches[J]. Computers in Human Behavior, 2016, 63: 777–786.

[148] Churchill Jr G. A. A paradigm for developing better measures of marketing constructs[J]. Journal of marketing research, 1979, 16(1): 64–73.

[149] Colliander J., Dahl é n M. Following the fashionable friend: The power of social media: Weighing publicity effectiveness of blogs versus online magazines[J]. Journal of advertising research, 2011, 51(1): 313–320.

[150] Dam T. C. The Effect of Brand Image, Brand Love on Brand Commitment and Positive Word–of–Mouth[J]. The Journal of Asian Finance, Economics, and Business, 2020(11): 449–457.

[151] Dowling G. R., Kabanoff B. Computer–aided content analysis: what do 240 advertising slogans have in common?[J].Marketing Letters, 1996, (7), 63–75.

[152] Escalas J. E., Bettman J. R. You are what they eat: the influence of reference groups on consumers'connections to brands[J]. Journal of Consumer Psychology, 2003, 13(3), 339–348.

[153] Fazli–Salehi R., Torres I. M., Madadi R., et al. Is Country Affinity Applicable for Domestic Brands? The Role of Nation Sentiment on Consumers'Self–Brand Connection with Domestic vs Foreign Brands [J]. Asia Pacific Journal of Marketing and Logistics, 2020, 33 (3) : 731–754.

［154］Fisher R. A. The Genetical Theory of Natural Selection[M], Oxford: Clarendon Press, 1930.

［155］Fiss P. C. A set-theoretic approach to organizational configurations[J]. Academy of management review, 2007, 32(4): 1180–1198.

［156］Fornell C., Larcker D. F. Evaluating structural equation models with unobservable variables and measurement error[J]. Journal of marketing research, 1981, 18(1): 39–50.

［157］Garud R., Gehman J., Giuliani A. P. Serendipity arrangements for exapting science-based innovations[J]. Academy of Management Perspectives, 2018, 32(1): 125 – 140.

［158］Greckhamer T., Furnari S., Fiss P. C., Ruth V., Studying configurations with qualitative comparative analysis: Best practices in strategy and organization research[J]. Strategic Organization, 2018, 16(4): 482–495.

［159］Giuseppe P., Mihalis K. Bridging the Gap between Culture, Identity and Image: A Structurationist Conceptualization of Place Brands and Place Branding [J]. Journal of Product & Brand Management, 2019, 28 (3): 348–363.

［160］Gözükara İ., Çolakoğlu N. The mediating effect of work family conflict on the relationship between job autonomy and job satisfaction[J]. Procedia–Social and Behavioral Sciences, 2016, 229: 253–266.

［161］Grohmann, B. Gender Dimensions of Brand Personality[J].Journal of Marketing Research, 2009, 46(1): 105–119.

［162］Guo R., Tao L., Li C., et al. A path analysis of greenwashing in a trust crisis among Chinese energy companies: the role of brand legitimacy and brand loyal-ty[J]. Journal of Business Ethics, 2017, 140(2): 523–536.

[163] He J., Wang C. L. Cultural identity and consumer ethnocentrism impacts on preference and purchase of domestic versus import brands: An empirical study in China[J]. Journal of Business Research, 2015, 68(6): 1225–1233.

[164] Herskovits M. J. The significance of the study of acculturation for anthropology[J]. American Anthropologist, 1937, 39(2): 259–264.

[165] Hollebeek L. Exploring customer brand engagement: definition and themes[J]. Journal of strategic Marketing, 2011, 19(7): 555–573.

[166] Hollebeek L. D., Chen T. Exploring positively–versus negatively-valenced brand engagement: a conceptual model[J]. Journal of Product & Brand Management, 2013, 23(1): 62–74.

[167] Hollebeek L. D., Glynn M. S., Brodie R. J. Consumer brand engage-ment in social media: Conceptualization, scale development and validation[J]. Journal of interactive marketing, 2014, 28(2): 149–165.

[168] Hollebeek L. D., Srivastava R. K., Chen T. SD logic‐informed customer engagement: integrative framework, revised fundamental propositions, and application to CRM[J]. Journal of the Academy of Marketing Science, 2019, 47(1): 161–185.

[169] Hollnagel E., David D. Woods, and Nancy Leveson, eds. Resilience engineering: Concepts and precepts[M]. Ashgate Publishing, Ltd., 2006.

[170] Hu N., Liu L., Zhang J. J. Do online reviews affect product sales?

The role of reviewer characteristics and temporal effects[J].
Information Technology and management, 2008, 9(3): 201-214.

[171] Ilias O., Pappas. User experience in personalized online shopping: a
fuzzyset analysis[J]. European Journal of Marketing, 2018, 52(7/8):
1679-1703.

[172] Jaakkola E., Alexander M. The role of customer engagement behavior
in value co-creation: a service system perspective[J]. Journal of service
research, 2014, 17(3): 247-261.

[173] Kahan J. H., Allen A. C., George J. K. An operational framework
for resilience[J]. Journal of Homeland Security and Emergency
Management, 2009, 6(1): 1-48.

[174] Kantur D., Iseri-Say A. Organizational Resilience: A Conceptual
Integrative Framework[J]. Journal of Management and Organization,
2012, 18(6): 762-773.

[175] Keller K. L. Conceptualizing, measuring, and managing customer-
based brand equity[J]. Journal of Marketing, 1993, 57(1): 1-22.

[176] Kumar V., Aksoy L., Donkers B., et al. Undervalued or overvalued
customers: Capturing total customer engagement value[J]. Journal of
service research, 2010, 13(3): 297-310.

[177] Kumar V., Reinartz W. Creating enduring customer value[J]. Journal
of Marketing, 2016, 80(6): 36-68.

[178] Leckie C., Nyadzayo M. W., Johnson L. W. Promoting brand
engagement behaviors and loyalty through perceived service value and
innovativeness[J]. Journal of Services Marketing, 2018, 32(1): 70-82.

[179] Lehu J. M. Back to life! Why brands grow old and sometimes die and

what managers then do: An exploratory qualitative research put into the French context[J]. Journal of Marketing Communications, 2004, 10(2): 133–152.

[180] Lévi–Strauss C. Myth and meaning[M]. University of Toronto Press, 2017.

[181] Lin K. Y., Lu H. P. Intention to continue using Facebook fan pages from the perspective of social capital theory[J]. Cyberpsychology, Behavior, and Social Networking, 2011, 14(10): 565–570.

[182] Madadi R., Torres I. M., Zúñiga M. Á. Hierarchical Relationships among Brand Equity Dimensions: The Mediating Effects of Brand Trust and Brand Love[J]. Services Marketing Quarterly, 2021, 42(1–2): 74–92.

[183] Mallak L. Putting organizational resilience to work[J].Industrial Management, 1998, 40(6): 8–13.

[184] Margulis L., René F. Symbiosis as a source of evolutionary innovation: speciation and morphogenesis[M]. Mit Press, 1991.

[185] Mcmanus S. T. Organisational resilience in New Zealand[D]. Christchurch: University of Canterbury,2008.

[186] Meneghel I., Salanova M., Martínez I. M. Feeling good makes us stronger: how team resilience mediates the effect of positive emotions on team performance[J]. Journal of Happiness Studies, 2016, 17(1): 239–255.

[187] Merrilees B. Radical brand evolution: A case–based framework[J]. Journal of Advertising, 2005, 45(2): 201–210.

[188] Miller C. M., McIntyre S. H., Mantrala M. K. Toward formalizing

fashion theory[J]. Journal of marketing research, 1993, 30(2): 142–157.

[189] Morhart F., Malär L.,Guèvremont A., et al. Brand authenticity: an integrative framework and measurement scale[J]. Journal of Consumer Psychology, 2015, 25(2): 200–218.

[190] Moscovici S. Notes towards a description of social representations[J]. European journal of social psychology, 1988, 18(3): 211–250.

[191] Moscovici S. Social representations: Essays in social psychology[M]. NYU Press, 2001.

[192] Müller B., Kocher B., Crettaz A. The effects of visual rejuvenation through brand logos[J]. Journal of Business Research, 2013, 66(1): 82–88.

[193] Nahapiet J., Ghoshal S. Social capital, intellectual capital, and the organizational advantage[J]. Academy of management review, 1998, 23(2): 242–266.

[194] Napoli J., Dickinson S. J.,Beverland M. B., et al. Measuring consumer-based brand authenticity[J]. Journal of Business Research, 2014, 67(6): 1090–1098.

[195] Negrin L. The self as image: a critical appraisal of postmodern theories of fashion[J]. Theory, culture & society, 1999, 16(3): 99–118.

[196] Nguyen B., Yu T. C. and Melewar J. H. Brand ambidexterity and commitment in higher education: An exploratory study[J]. Journal of Business Research, 2016, 69(8): 3105–3112.

[197] Nuryanti W. Heritage and postmodern tourism[J]. Annals of Tourism Research, 1996, 23(2): 249–260.

［198］Pansari A., Kumar V. Customer engagement: the construct, antecedents, and consequences[J]. Journal of the Academy of Marketing Science, 2017, 45(3): 294–311.

［199］Pappas I. O., Woodside A. G. Fuzzyset qualitative comparative analysis (fsQCA): guidelines for research practice in information systems and marketing[J]. International Journal of Information Management, 2021(58): 102310.

［200］Pascal V. J., Sprott D. E., Muehling D. D. The influence of evoked nostalgia on consumers' responses to advertising: An exploratory study[J]. Journal of Current Issues & Research in Advertising, 2002, 24(1): 39–47.

［201］Patala S., Juntunen J. K., Lundan S., et al. Multinational energy utilities in the energy transition: a configurational study of the drivers of FDI in rene-wables[J]. Journal of International Business Studies, 2021, 52(5): 930–950.

［202］Pecot F., Merchant A., Valette–Florence P., De Barnier, V. Cognitive outcomes of brand heritage: A signaling perspective[J]. Journal of Business Research, 2018, 85(4): 304–316.

［203］Pecot F., Valette–Florence P., De Barnier V. Brand heritage as a temporal perception: conceptualisation, measure and consequences[J]. Journal of Marketing Management, 2019, 35(17–18): 1624–1643.

［204］Podsakoff P. M., MacKenzie S. B., Lee J. Y., et al. Common Method Biases in Behavioral Research: A Critical Review of the Literature and Recommended Remedies[J]. Journal of Applied Psychology, 2003, 88(5): 879–903.

［205］Price L. L., Coulter R. A., Strizhakova Y., et al. The Fresh Start Mindset: Transforming Consumers'Lives[J]. Journal of Consumer

Research, 2018, 45(1): 21–48.

[206] Reynolds W. H. Cars and clothing: understanding fashion trends[J]. Journal of Marketing, 1968, 32(3): 44–49.

[207] Rindell A., Santos F. P. What makes a corporate heritage brand authentic for consumers? A semiotic approach[J]. Journal of Brand Management, 2021, 28(5): 545–558.

[208] Rose G. M., Merchant A., Orth U. R., Horstmann F. Emphasizing brand heritage:Does it work? And how? [J]. Journal of Business Research, 2015, 21(3): 132–141.

[209] Saliml, Azar. Exploring Brand Masculine Patterns: Moving Beyond Monolithic Masculinity[J]. Journal of Product & Brand Management, 2013, 22(7): 502–512.

[210] Sashi C. M. Customer engagement, buyer–seller relationships, and social media[J]. Management Decision, 2012, 50(2): 253–272.

[211] Schallehn M., Burmann C., Riley N. Brand authenticity: model development and empirical testing [J]. Journal of Product & Brand Management, 2014, 23(3): 192–199.

[212] Schor, N. Reading in Detail: Aesthetics and the Feminine[M]. New York and London: Methuen, 1987.

[213] Simmel G. Fashion[J]. American journal of sociology, 1957, 62(6): 541–558.

[214] Simonin B. L., Ruth J. A. Is a company known by the company it keeps? Assessing the spillover effects of brand alliances on consumer brand attitudes[J]. Journal of marketing research, 1998, 35(1) : 30–42.

[215] Sledgianowski D., Kulviwat S. Using social network sites: The

effects of playfulness, critical mass and trust in a hedonic context[J]. Journal of computer information systems, 2009, 49(4): 74–83.

[216] Sreen N., Dhir A., Talwar S., et al. Behavioral reasoning perspectives to brand love toward natural products: Moderating role of environmental concern and household size[J]. Journal of Retailing and Consumer Services, 2021, 61: 102549.

[217] Stephen Brown, Robert V., Kozinets,John F., Sherry Jr. Teaching Old Brands New Tricks: Retro Branding and the Revival of Brand Meaning[J]. Journal of Marketing, 2003, 67(7): 19–33.

[218] Suh J. C. The role of consideration sets in brand choice: The moderating role of product characteristics[J]. Psychology & Marketing, 2009, 26(6): 534–550.

[219] Susan F., Claudio A. How Brands Acquire Cultural Meaning [J]. Journal of Consumer Psychology, 2019, 29(3): 519–534.

[220] Svendsen L. Fashion: A Philosophy[M]. London: Reaktion Books, 2006.

[221] Terziovski M. The relationship between innovation management practices and innovation performance in the mainstream: An empirical study of Australia organisations[C]//Proceedings of ANZAM Conference 2010.

[222] Tsai Y. L., Dev C. S., Chintagunta P. What's in a brand name? Assessing the impact of rebranding in the hospitality industry[J]. Journal of Marketing Research, 2015, 52(6): 865–878.

[223] Turley L. W., Milliman R. E. Atmospheric effects on shopping behavior: a review of the experimental evidence[J]. Journal of business research, 2000, 49(2): 193–211.

［224］Urde M., Greyser A. and Balmer J. M. T. Corporate brands with a heritage[J]. Journal of Brand Management, 2007, 15(1): 4-19.

［225］van Doorn J., Lemon K. N., Mittal V., et al. Customer engagement behavior: Theoretical foundations and research directions[J]. Journal of service research, 2010, 13(3): 253-266.

［226］Veryzer Jr R. W. The place of product design and aesthetics in consumer research[J]. Advances in consumer research, 1995, 22(1): 641-645.

［227］Vivek S. D., Beatty S. E., Dalela V., et al. A generalized multidi-mensional scale for measuring customer engagement[J]. Journal of Marketing Theory and Practice, 2014, 22(4): 401-420.

［228］Vivek S. D., Beatty S. E., Morgan R. M. Customer engagement: Exploring customer relationships beyond purchase[J]. Journal of marketing theory and practice, 2012, 20(2): 122-146.

［229］Wagner W., Duveen G., Farr R., et al. Theory and method of social representations[J]. Asian journal of social psychology, 1999, 2(1): 95-125.

［230］Wang J., Cooke F. L., Huang W. How resilient is the (future) workforce in China?a study of the banking sector and implications for human resource development[J]. Asia Pacific Journal of Human Resources, 2014, 52(2): 132-154.

［231］Wang Shi-Qi,Deng Tao.Female Preference Promotes Asynchronous Sex Evolution in Elephantiformes[J].Vertebrata PalAsiatica, 2016, 54(1): 51-66.

［232］Weick K. E., Roberts K. H. Collective mind in organizations: heedful interrelating on flight decks[J]. Administrative Science Quarterly, 1993, 38(3): 357–381.

[233] Wetlaufer S., Arnault B. The perfect paradox of star brands[J]. Harvard Business Review, 2001, 79(9): 116–123.

[234] Wiedmann K. P., Hennigs N., Schmidt S. and Wuestefeld T. The importance of brand heritage as a key performance driver in marketing management[J]. Journal of Brand Management, 2011, 19(3): 182–194.

[235] Wolny J., Mueller C. Analysis of fashion consumers' motives to engage in electronic word–of–mouth communication through social media platforms[J]. Journal of marketing management, 2013, 29(5–6): 562–583.

[236] Wuestefeld T., Hennigs N., Schmidt S. and Wiedmann K. P. The impact of brand heritage on customer perceived value[J]. International Journal of Marketing, 2012, 51: 51–61.

[237] Yorkston E., De Mello G. E. Linguistic gender marking and categorization[J]. Journal of Consumer Research, 2005, 32(2): 224–234.

[238] Zhang J. Q., Craciun G., Shin D. When does electronic word–of–mouth matter? A study of consumer product reviews[J]. Journal of Business Research, 2010, 63(12): 1336–1341.

[239] Zhou K., Ye X., Ye J. Longing for the past and embracing the new: Does nostalgia increase new product adoption?[J]. Marketing Letters, 2021, 32(4): 477–498.

[240] Zhou X., Wildschut T., Sedikides C., et al. Nostalgia: The gift that keeps on giving[J]. Journal of Consumer Research, 2012, 39(1): 39–50.

附　录

品牌比较调查问卷

您好，我们是河南工程学院老字号品牌研究团队，希望了解您对国内外品牌的一些看法。本问卷内容匿名填写，仅用于相关研究，不会用于商业用途，您提供的信息会严格保密，非常感谢您抽出时间填写这份调查问卷！

1. 您的性别是（　　　）？［单选题］［必答题］

　○男

　○女

2. 您的年龄是（　　　）？［单选题］［必答题］

　○ 18岁以下

　○ 18岁～25岁

　○ 26岁～35岁

　○ 36岁～45岁

　○ 46岁及以上

3. 您每个月的收入是（　　　）？［单选题］［必答题］

　○ 1000～3000元

　○ 3001～5000元

　○ 5001～8000元

　○ 8001～10000元

　○ 10001元及以上

4. 您的职业是（　　　）? ［单选题］［必答题］

　○全日制学生

　○国有企业在职人员

　○私有企业在职人员

　○事业单位工作者

　○公务员

　○自由职业者

　○其他

5. 您所了解的回力是（　　　）? ［单选题］［必答题］

　○运动品牌

　○时尚品牌

　○运动与时尚品牌

　○其他

　请判断以下描述与您的感受和行为的符合程度，1~5分别是"非常不同意""不同意""不一定""同意""非常同意"，请根据您的实际情况进行选择。

　6. 根据您对回力品牌的了解，从以下方面做出您的选择。［矩阵量表题］

	1	2	3	4	5
产品紧跟时代潮流	○	○	○	○	○
产品美观大方	○	○	○	○	○
产品崇尚新奇	○	○	○	○	○
产品追求怀旧时尚	○	○	○	○	○

7. 根据您对耐克的了解，从以下方面做出您的选择。[矩阵量表题]

	1	2	3	4	5
产品紧跟时代潮流	○	○	○	○	○
产品美观大方	○	○	○	○	○
产品崇尚新奇	○	○	○	○	○
产品追求怀旧时尚	○	○	○	○	○

8. 根据您对李宁的了解，从以下方面做出您的选择。[矩阵量表题]

	1	2	3	4	5
产品紧跟时代潮流	○	○	○	○	○
产品美观大方	○	○	○	○	○
产品崇尚新奇	○	○	○	○	○
产品追求怀旧时尚	○	○	○	○	○

9. 根据您对阿迪达斯的了解，从以下方面做出您的选择。[矩阵量表题]

	1	2	3	4	5
产品紧跟时代潮流	○	○	○	○	○
产品美观大方	○	○	○	○	○
产品崇尚新奇	○	○	○	○	○
产品追求怀旧时尚	○	○	○	○	○

10. 根据您对安踏的了解，从以下方面做出您的选择。[矩阵量表题]

	1	2	3	4	5
产品紧跟时代潮流	○	○	○	○	○
产品美观大方	○	○	○	○	○
产品崇尚新奇	○	○	○	○	○
产品追求怀旧时尚	○	○	○	○	○

11. 您觉得回力品牌在时尚化方面有什么需要改进的地方？

_____

_____

_____

_____

_____

老字号新起点心态调查问卷

尊敬的先生/女士：

　　您好！非常感谢您参加此次学术调研。这是关于老字号品牌的一项研究，我们想了解您对老字号品牌的一些看法和感受，此次调研的所有结果将仅限于学术分析使用，不具有任何商业目的。另本次调查采取匿名方式，您的意见将对该项研究具有莫大帮助。再次对您表示诚挚的谢意！

　　老字号包括商务部认定的中华老字号和地方政府认定的地方老字号，以及非物质文化遗产中的传统技艺和具有悠久历史的民间传承技艺字号（品牌）。

说明：请您根据真实感受作答。1＝完全不同意，2＝不同意，3＝稍微不同意，4＝无所谓，5＝有些同意，6＝同意，7＝完全同意。

1. 您心目中的老字号是：

1.1 原料正宗 　　　　　　　　1 2 3 4 5 6 7

1.2 质量一如既往 　　　　　　1 2 3 4 5 6 7

1.3 选料考究 　　　　　　　　1 2 3 4 5 6 7

1.4 历史悠久 　　　　　　　　1 2 3 4 5 6 7

1.5 服务有传统特色 　　　　　1 2 3 4 5 6 7

1.6 牌匾不变 　　　　　　　　1 2 3 4 5 6 7

1.7 商号不变 　　　　　　　　1 2 3 4 5 6 7

1.8 价格公道 　　　　　　　　1 2 3 4 5 6 7

1.9 童叟无欺 　　　　　　　　1 2 3 4 5 6 7

1.10 产品有地方特色 　　　　　1 2 3 4 5 6 7

1.11 业内有影响力 　　　　　　1 2 3 4 5 6 7

1.12 传承文化 　　　　　　　　1 2 3 4 5 6 7

1.13 传承的工艺和制作技术 　　1 2 3 4 5 6 7

1.14 配方神秘 　　　　　　　　1 2 3 4 5 6 7

1.15 口碑好 　　　　　　　　　1 2 3 4 5 6 7

1.16 与历史人物或事件有联系 　1 2 3 4 5 6 7

1.17 身着传统服饰制作或经营 　1 2 3 4 5 6 7

1.18 淡化商业色彩 　　　　　　1 2 3 4 5 6 7

2. 您认为老字号应该传承：

2.1 配方 　　　　　　　　　　1 2 3 4 5 6 7

2.2 质量　　　　　　　　　　　1　2　3　4　5　6　7

2.3 服务　　　　　　　　　　　1　2　3　4　5　6　7

2.4 字号（品牌）　　　　　　　1　2　3　4　5　6　7

2.5 工艺　　　　　　　　　　　1　2　3　4　5　6　7

2.6 文化　　　　　　　　　　　1　2　3　4　5　6　7

2.7 包装　　　　　　　　　　　1　2　3　4　5　6　7

3. 为了适应新形势，您认为老字号需要创新：

3.1 配方　　　　　　　　　　　1　2　3　4　5　6　7

3.2 质量　　　　　　　　　　　1　2　3　4　5　6　7

3.3 服务　　　　　　　　　　　1　2　3　4　5　6　7

3.4 字号（品牌）　　　　　　　1　2　3　4　5　6　7

3.5 工艺　　　　　　　　　　　1　2　3　4　5　6　7

3.6 文化　　　　　　　　　　　1　2　3　4　5　6　7

3.7 包装　　　　　　　　　　　1　2　3　4　5　6　7

4. 请在下列条目表述您同意的程度：

4.1 现在的人变得越来越功利了。　1　2　3　4　5　6　7

4.2 现在的人活得比以前累多了。　1　2　3　4　5　6　7

4.3 现在的人不如以前朴实了。　　1　2　3　4　5　6　7

4.4 现在的人际关系比以前复杂得多。　1　2　3　4　5　6　7

4.5 现在人们的生活节奏太快了。　1　2　3　4　5　6　7

4.6 过去和家人在一起的时光是值得珍惜的。

　　　　　　　　　　　　　　　1　2　3　4　5　6　7

4.7 我经常想起小时候家人对我的关爱。　1　2　3　4　5　6　7

4.8 我对自己过去的经历充满感恩。　1　2　3　4　5　6　7

4.9 小时候的家庭生活让我感觉幸福。　1　2　3　4　5　6　7

4.10 过去的那些老歌，现在听起来让人回味无穷。

                                 1 2 3 4 5 6 7

4.11 我经常想起小时候难忘的事。   1 2 3 4 5 6 7

4.12 很久以前的那些电视剧／电影，至今我仍然喜欢看。

                                 1 2 3 4 5 6 7

4.13 小时候吃过的那个口味，我至今仍然喜欢。

                                 1 2 3 4 5 6 7

4.14 我怀念过去生活过的地方。   1 2 3 4 5 6 7

5. 在建业大食堂的体验：

5.1 这些老字号食品给我的视觉或其他感官留下了深刻的印象。

                                 1 2 3 4 5 6 7

5.2 在感官上我感觉这些老字号食品很有趣。

                                 1 2 3 4 5 6 7

5.3 这些老字号食品对我很有吸引力。 1 2 3 4 5 6 7

5.4 这些老字号食品诱发了我的感觉和情绪。

                                 1 2 3 4 5 6 7

5.5 我对这些老字号食品有了强烈的情感。1 2 3 4 5 6 7

5.6 这些老字号食品很有感染力。   1 2 3 4 5 6 7

5.7 当我食用这些老字号食品时，我会做一些身体动作和行为。

                                 1 2 3 4 5 6 7

5.8 这些老字号食品促使我去亲身体验。 1 2 3 4 5 6 7

5.9 这些老字号食品促使我去行动和尝试。

                                 1 2 3 4 5 6 7

5.10 当我接触这些老字号食品时，我会想到很多事情。

                                 1 2 3 4 5 6 7

5.11 这些老字号食品会让我去思考。　　1　2　3　4　5　6　7

5.12 这些老字号食品激发了我的好奇心和解决问题的想法。

　　　　　　　　　　　　　　　　1　2　3　4　5　6　7

6. 今天品尝的这些老字号食品，您认为：

6.1 老字号品牌反映了我的特点。　　1　2　3　4　5　6　7

6.2 我认同这些老字号品牌。　　　　1　2　3　4　5　6　7

6.3 我觉得自己和老字号品牌有了联系。1　2　3　4　5　6　7

6.4 我认为品尝老字号品牌可以帮助我成为我想成为的那种人。

　　　　　　　　　　　　　　　　1　2　3　4　5　6　7

6.5 品尝的老字号品牌很适合我。　　1　2　3　4　5　6　7

7. 今天品尝的这些老字号食品，您认为：

7.1 这些老字号永不过时。　　　　　1　2　3　4　5　6　7

7.2 这些老字号很有连续性。　　　　1　2　3　4　5　6　7

7.3 这些老字号是永恒的。　　　　　1　2　3　4　5　6　7

7.4 这些老字号将来也不会消失。　　1　2　3　4　5　6　7

7.5 这些老字号散发着传统气息。　　1　2　3　4　5　6　7

7.6 这些老字号是巩固并建立在长期传统基础上的品牌。

　　　　　　　　　　　　　　　　1　2　3　4　5　6　7

7.7 这些老字号是有根源的品牌。　　1　2　3　4　5　6　7

7.8 这些老字号与过去有着紧密联系。1　2　3　4　5　6　7

7.9 这些老字号知道如何重塑自我。　1　2　3　4　5　6　7

7.10 这些老字号能够自我更新。　　　1　2　3　4　5　6　7

8. 请在下列条目表述您同意的程度：

8.1 不管现在的情况如何，有人可以在生活中开辟新的道路。

　　　　　　　　　　　　　　　　1　2　3　4　5　6　7

8.2 只要愿意，任何人都可以重新开始。　1　2　3　4　5　6　7

8.3 一个人总有可能有一个新的开始。　　1　2　3　4　5　6　7

8.4 无论他们的过去是什么，人们都可以期待一个新的未来。

　　　　　　　　　　　　　　　　　1　2　3　4　5　6　7

8.5 一个人可以放下过去，重新开始。　1　2　3　4　5　6　7

8.6 当坏事发生时，一个人可以选择创造更好的生活。

　　　　　　　　　　　　　　　　　1　2　3　4　5　6　7

8.7 一个人可以拥有一个全新的开始。　1　2　3　4　5　6　7

8.8 无论一个人多么想重新开始，都受到了当前生活的限制。

　　　　　　　　　　　　　　　　　1　2　3　4　5　6　7

8.9 即使自己有不可避免的错误，也可以重新开始。

　　　　　　　　　　　　　　　　　1　2　3　4　5　6　7

8.10 每天早晨，人们都有机会改变他们的生活方式。

　　　　　　　　　　　　　　　　　1　2　3　4　5　6　7

8.11 人们可以改变目前的处境。　　　1　2　3　4　5　6　7

8.12 过去的错误不会限制人生的机会。　1　2　3　4　5　6　7

8.13 一个人今天的生活不能决定他/她的未来。

　　　　　　　　　　　　　　　　　1　2　3　4　5　6　7

8.14 人们可以改变自己的行为，重塑自我。

　　　　　　　　　　　　　　　　　1　2　3　4　5　6　7

9. 今天品尝的这些老字号食品，您的感受：

9.1 这些食品让我不再紧张。　　　　1　2　3　4　5　6　7

9.2 这些食品很有趣。　　　　　　　1　2　3　4　5　6　7

9.3 这些食品让我很享受。　　　　　1　2　3　4　5　6　7

9.4 这些食品让我很快乐。　　　　　1　2　3　4　5　6　7

9.5 这些食品让我很放松。　　　　　　1　2　3　4　5　6　7

9.6 这些食品让我很有成就感。　　　　1　2　3　4　5　6　7

9.7 这些食品启发了我的思考。　　　　1　2　3　4　5　6　7

9.8 这些食品让我认识到真正的自我。　1　2　3　4　5　6　7

9.9 这些食品对我来说很有意义。　　　1　2　3　4　5　6　7

10. 您的基本情况

10.1 您的性别

　　　1. 男　　　　　　　　　2. 女

10.2 您的年龄

　　　1. 18 岁以下　　　　　2. 18 ~ 25 岁

　　　3. 26 ~ 35 岁　　　　　4. 36 ~ 45 岁

　　　5. 46 岁及以上

10.3 您的职业

　　　1. 公务员　　　　　　　2. 企事业员工

　　　3. 自由职业　　　　　　4. 学生

　　　5. 其他

10.4 您的受教育程度

　　　1. 高中及以下　　　　　2. 大专

　　　3. 本科　　　　　　　　4. 研究生及以上

10.5 您的月平均收入（学生指生活费用）

　　　1. 1500 元及以下　　　　2. 1501 ~ 3000 元

　　　3. 3001 ~ 5000 元　　　　4. 5001 ~ 10000 元

　　　5. 10001 元及以上

谢谢您的参与!

时尚表征调查问卷

尊敬的先生/女士：

您好！非常感谢您参加此次学术调研。这是关于时尚的一项研究，我们想了解您对时尚的一些看法和感受。此次调研的所有结果将仅限于学术分析使用，不具有任何商业目的。另本次调查采取匿名方式，您的意见将对该项研究具有莫大帮助。再次对您表示诚挚的谢意！

说明：请您选择任意一款您拥有或熟悉的时尚产品，根据您对该产品的感受，按照您对每句表述的同意程度，改变对应数字颜色或打"√"。"1"表示"完全不同意"，"2"表示"不同意"，"3"表示"稍微不同意"，"4"表示"无所谓"，"5"表示"有些同意"，"6"表示"同意"，"7"表示"完全同意"。

第一部分　关于时尚的描述（A）

问项内容	完全不同意~完全同意						
1. 格调的	1	2	3	4	5	6	7
2. 创意的	1	2	3	4	5	6	7
3. 大方的	1	2	3	4	5	6	7
4. 品位的	1	2	3	4	5	6	7
5. 潮流的	1	2	3	4	5	6	7
6. 精致的	1	2	3	4	5	6	7
7. 舒适的	1	2	3	4	5	6	7
8. 简洁的	1	2	3	4	5	6	7
9. 个性的	1	2	3	4	5	6	7
10. 美观的	1	2	3	4	5	6	7
11. 前卫的	1	2	3	4	5	6	7

问项内容	完全不同意～完全同意						
12. 出众的	1	2	3	4	5	6	7
13. 有型的	1	2	3	4	5	6	7
14. 清新的	1	2	3	4	5	6	7
15. 阳光的	1	2	3	4	5	6	7
16. 惊奇的	1	2	3	4	5	6	7
17. 奢华的	1	2	3	4	5	6	7
18. 绚丽的	1	2	3	4	5	6	7
19. 张扬的	1	2	3	4	5	6	7
20. 夸张的	1	2	3	4	5	6	7
21. 炫的	1	2	3	4	5	6	7
22. 动感的	1	2	3	4	5	6	7
23. 酷的	1	2	3	4	5	6	7
24. 质感的	1	2	3	4	5	6	7
25. 刺激的	1	2	3	4	5	6	7
26. 时新的	1	2	3	4	5	6	7

第二部分　时尚的感知价值（B）

问项内容	完全不同意～完全同意						
1. 该产品值得我付出这样的价格	1	2	3	4	5	6	7
2. 该产品值得我投入这样的精力	1	2	3	4	5	6	7
3. 该产品值得我花费这样的时间	1	2	3	4	5	6	7
4. 该产品物有所值	1	2	3	4	5	6	7
5. 该产品品质值得信赖	1	2	3	4	5	6	7
6. 该产品质量令人满意	1	2	3	4	5	6	7
7. 比同价格产品质量好	1	2	3	4	5	6	7

续表

问项内容	完全不同意～完全同意						
8. 该产品使人爱不释手	1	2	3	4	5	6	7
9. 该产品比同类产品带来更舒服的感觉	1	2	3	4	5	6	7
10. 该产品带来愉快的感受	1	2	3	4	5	6	7
11. 使用该产品能够促进与他人的联系	1	2	3	4	5	6	7
12. 使用该产品能够体现社会地位与个人形象	1	2	3	4	5	6	7
13. 使用该产品能够得到更多的赞美	1	2	3	4	5	6	7
14. 使用该产品能够给别人留下好印象	1	2	3	4	5	6	7

第三部分　时尚的消费者融入行为（C）

问项内容	完全不同意～完全同意						
1. 我花费了更多的自由时间在时尚方面	1	2	3	4	5	6	7
2. 我很喜欢时尚	1	2	3	4	5	6	7
3. 我对时尚充满热情	1	2	3	4	5	6	7
4. 没有时尚我的生活将不一样	1	2	3	4	5	6	7
5. 任何与时尚有关的东西都吸引我的注意力	1	2	3	4	5	6	7
6. 我喜欢更多了解时尚	1	2	3	4	5	6	7
7. 我非常关注关于时尚的任何方面	1	2	3	4	5	6	7
8. 我像喜欢朋友一样喜欢时尚	1	2	3	4	5	6	7
9. 与其他相比，我更喜欢时尚	1	2	3	4	5	6	7
10. 周围都是喜欢时尚的人时，我觉得更愉快	1	2	3	4	5	6	7

第四部分　时尚的购买行为（D）

问项内容	完全不同意～完全同意						
1. 我觉得我可能会购买它	1	2	3	4	5	6	7
2. 我觉得我会考虑购买它	1	2	3	4	5	6	7
3. 我想我会购买它	1	2	3	4	5	6	7

第五部分　您的基本情况

1. 您的性别

　　□男　　　　　　　　□女

2. 您的年龄

　　□18岁以下　　　　　□18～25岁

　　□26～35岁　　　　　□36～45岁

　　□46岁及以上

3. 您的职业

　　□公务员　　　　　　□企事业员工

　　□自由职业　　　　　□学生

　　□其他

4. 您的受教育程度

　　□高中及以下　　　　□大专

　　□本科　　　　　　　□研究生及以上

5. 您的月平均收入（学生指生活费用）

　　□1500元及以下　　　□1501～3000元

　　□3001～5000元　　　□5001～10000元

　　□10001元及以上

谢谢您的参与！

品牌个性调查问卷

　　人有个性，品牌也有个性。您喜欢什么样的品牌呢？当然，很多时候我们只有一种朦胧的感觉，现在，请跟随下述问题选择您的感觉。非常感谢！

1. 您偏爱哪种个性的品牌？稍作思考，然后从以下描述词中选择4个。[多选题]

□朴实　□美丽　□力量　□可爱　□精致　□酷　□优雅　□庄重

2. 您的年龄段：[单选题]

○15～20岁　○21～30岁　○31～35岁　○36～40岁

○41～50岁　○51～60岁

3. 您的性别：[单选题]

○男　○女

4. 您的学历：[单选题]

○高中及以下　○专科　○本科　○硕士　○博士

5. "优衣库"（服装）。给下列描述语打分，以表达您对"优衣库"的印象或联想。后面题目中的其他品牌也请如此操作。您完全陌生甚至都没听说过的品牌，可以直接跳过不做。全部题目预计占用您5分钟时间，非常盼望您的观点！[矩阵量表题]

	非常不同意	不同意	不太同意	基本同意	同意	非常同意
朴实	○	○	○	○	○	○
优雅	○	○	○	○	○	○
男子气	○	○	○	○	○	○
时尚	○	○	○	○	○	○
可爱	○	○	○	○	○	○
酷	○	○	○	○	○	○
精致	○	○	○	○	○	○
庄重（深沉）	○	○	○	○	○	○

注：请对每个描述语打分，不要遗漏！

6. "回力"（鞋）。［矩阵量表题］

	非常不同意	不同意	不太同意	基本同意	同意	非常同意
朴实	○	○	○	○	○	○
优雅	○	○	○	○	○	○
男子气	○	○	○	○	○	○
时尚	○	○	○	○	○	○
可爱	○	○	○	○	○	○
酷	○	○	○	○	○	○
精致	○	○	○	○	○	○
庄重（深沉）	○	○	○	○	○	○

注：请对每个描述语打分，不要遗漏！

7. "星巴克"（咖啡馆）。［矩阵量表题］

	非常不同意	不同意	不太同意	基本同意	同意	非常同意
朴实	○	○	○	○	○	○
优雅	○	○	○	○	○	○
男子气	○	○	○	○	○	○
时尚	○	○	○	○	○	○
可爱	○	○	○	○	○	○
酷	○	○	○	○	○	○
精致	○	○	○	○	○	○
庄重（深沉）	○	○	○	○	○	○

注：请对每个描述语打分，不要遗漏！

8. "张小泉"（刀、剪）。[矩阵量表题]

	非常不同意	不同意	不太同意	基本同意	同意	非常同意
朴实	○	○	○	○	○	○
优雅	○	○	○	○	○	○
男子气	○	○	○	○	○	○
时尚	○	○	○	○	○	○
可爱	○	○	○	○	○	○
酷	○	○	○	○	○	○
精致	○	○	○	○	○	○
庄重（深沉）	○	○	○	○	○	○

注：请对每个描述语打分，不要遗漏！

9. "张裕"（葡萄酒）。[矩阵量表题]

	非常不同意	不同意	不太同意	基本同意	同意	非常同意
朴实	○	○	○	○	○	○
优雅	○	○	○	○	○	○
男子气	○	○	○	○	○	○
时尚	○	○	○	○	○	○
可爱	○	○	○	○	○	○
酷	○	○	○	○	○	○
精致	○	○	○	○	○	○
庄重（深沉）	○	○	○	○	○	○

注：请对每个描述语打分，不要遗漏！

10. "老凤祥"（首饰珠宝）。[矩阵量表题]

	非常不同意	不同意	不太同意	基本同意	同意	非常同意
朴实	○	○	○	○	○	○
优雅	○	○	○	○	○	○
男子气	○	○	○	○	○	○
时尚	○	○	○	○	○	○
可爱	○	○	○	○	○	○
酷	○	○	○	○	○	○
精致	○	○	○	○	○	○
庄重（深沉）	○	○	○	○	○	○

注：请对每个描述语打分，不要遗漏！

11. "全聚德"（烤鸭、餐饮）。[矩阵量表题]

	非常不同意	不同意	不太同意	基本同意	同意	非常同意
朴实	○	○	○	○	○	○
优雅	○	○	○	○	○	○
男子气	○	○	○	○	○	○
时尚	○	○	○	○	○	○
可爱	○	○	○	○	○	○
酷	○	○	○	○	○	○
精致	○	○	○	○	○	○
庄重（深沉）	○	○	○	○	○	○

注：请对每个描述语打分，不要遗漏！

12."抖音"。[矩阵量表题]

	非常不同意	不同意	不太同意	基本同意	同意	非常同意
朴实	○	○	○	○	○	○
优雅	○	○	○	○	○	○
男子气	○	○	○	○	○	○
时尚	○	○	○	○	○	○
可爱	○	○	○	○	○	○
酷	○	○	○	○	○	○
精致	○	○	○	○	○	○
庄重（深沉）	○	○	○	○	○	○

注：请对每个描述语打分，不要遗漏！

13."小米"。[矩阵量表题]

	非常不同意	不同意	不太同意	基本同意	同意	非常同意
朴实	○	○	○	○	○	○
优雅	○	○	○	○	○	○
男子气	○	○	○	○	○	○
时尚	○	○	○	○	○	○
可爱	○	○	○	○	○	○
酷	○	○	○	○	○	○
精致	○	○	○	○	○	○
庄重（深沉）	○	○	○	○	○	○

注：请对每个描述语打分，不要遗漏！

14. "好利来"（烘焙食品）。［矩阵量表题］

	非常不同意	不同意	不太同意	基本同意	同意	非常同意
朴实	○	○	○	○	○	○
优雅	○	○	○	○	○	○
男子气	○	○	○	○	○	○
时尚	○	○	○	○	○	○
可爱	○	○	○	○	○	○
酷	○	○	○	○	○	○
精致	○	○	○	○	○	○
庄重（深沉）	○	○	○	○	○	○

注：请对每个描述语打分，不要遗漏！

老字号幸福感调查问卷

尊敬的女士/先生：

我们来自河南工程学院老字号项目组团队，为了了解品牌仪式对消费者幸福感的相关影响而进行此次问卷调查。非常感谢您参与本次调查研究。您的回答对本次的调查研究具有重要意义，请根据您自身的经历客观回答问题。另本问卷调查结果仅供分析研究使用，并会严格保密您所提供的信息。

品牌仪式是指存在于品牌活动中的具有仪式性的行为，传达品牌的精神、文化、价值观，建立品牌与消费者之间的互动。品牌仪式具有象征性、程序性、模式化、重复性的特征，它能带给消费者秩序感、特殊感的品牌体验，会作用于消费者的认知和情感，影响消费者长期购买行为和对品牌的价值判断。生活中常见的品牌仪式有饮品类——果粒橙"喝前摇一摇"；零食类——奥利奥的"扭一扭、舔一舔、泡一泡"；餐饮类——海底捞的拉面表演；完美日记的口红礼盒；等等。生活中的烛光晚餐、情侣间的鲜花礼物都属于仪式，生活中的仪式感会带给人们愉悦的心情、不一样的生活体验，而品牌的仪式感，会带给消费者更多附加的价值，会影响消费者的情绪认知、对品牌的体验感，以及购买行为。

第一部分 基本信息

1. 您的性别：

□男 □女

2. 您的年龄：

□18岁以下 □18～25岁 □26～35岁 □36～45岁

□46～55岁 □56岁及以上

3. 您的学历：

□高中及以下 □大专 □本科 □研究生及以上

4. 您从事的工作：

□学生 □行政事业单位人员 □个体经营户 □企业工作人员

□教师、医生类专业人员 □其他

5. 您的月收入：

□2000元及以下 □2001～4000元 □4001～8000元

□8001～10000元 □10001元及以上

6. 您平时关注或参与的老字号品牌仪式化行为，请填写＿＿＿＿＿

＿＿＿＿＿＿＿＿＿＿＿＿＿＿＿＿＿＿＿＿＿＿＿＿＿＿＿＿＿＿＿＿＿

＿＿＿＿＿＿＿＿＿＿＿＿＿＿＿＿＿＿＿＿＿＿＿＿＿＿＿＿＿＿＿＿。

第二部分 量表题

以下几个部分答案无对错之分，请您根据自身感受真实作答。数字代表您的同意程度。1为"非常不同意"；2为"一般不同意"；3为"不同意"；4为"一般"；5为"同意"；6为"一般同意"；7为"非常同意"。

7. 该品牌仪式能够展现产品的功能和价值等元素。

☐1 ☐2 ☐3 ☐4 ☐5 ☐6 ☐7

8. 该品牌仪式行为使我对该品牌具有参与感。

☐1 ☐2 ☐3 ☐4 ☐5 ☐6 ☐7

9. 参与该品牌仪式能引发我的情感表达。

☐1 ☐2 ☐3 ☐4 ☐5 ☐6 ☐7

10. 在完成仪式动作时我能感受到快乐、乐趣等。

☐1 ☐2 ☐3 ☐4 ☐5 ☐6 ☐7

11. 该品牌仪式行为加深了我对该品牌的印象。

☐1 ☐2 ☐3 ☐4 ☐5 ☐6 ☐7

12. 在仪式行动后，我觉得更接近品牌。

☐1 ☐2 ☐3 ☐4 ☐5 ☐6 ☐7

13. 透过仪式动作我能联想到该品牌的价值观念。

☐1 ☐2 ☐3 ☐4 ☐5 ☐6 ☐7

14. 该品牌的仪式化行为过程激发了我对品牌文化的认可。

☐1 ☐2 ☐3 ☐4 ☐5 ☐6 ☐7

15. 当我与该品牌的其他粉丝进行仪式互动时，会感到接近他们。

☐1 ☐2 ☐3 ☐4 ☐5 ☐6 ☐7

16. 该品牌仪式化行为让我对该品牌及其产品更加喜欢。

☐1 ☐2 ☐3 ☐4 ☐5 ☐6 ☐7

17. 该品牌产品符合我的消费水平。

□1 □2 □3 □4 □5 □6 □7

18. 该品牌与我的身份地位相符合。

□1 □2 □3 □4 □5 □6 □7

19. 下次购买同类产品会首先选择该品牌。

□1 □2 □3 □4 □5 □6 □7

20. 如果我正在帮助朋友选购此类商品，我愿意分享我良好的使用体验。

□1 □2 □3 □4 □5 □6 □7

21. 我会把该品牌产品推荐给别人。

□1 □2 □3 □4 □5 □6 □7

22. 我会鼓励我的朋友家人消费此产品。

□1 □2 □3 □4 □5 □6 □7

23. 这个品牌对我有吸引力。

□1 □2 □3 □4 □5 □6 □7

24. 当我停止使用该品牌时，我觉得我失去了一些东西。

□1 □2 □3 □4 □5 □6 □7

25. 这个品牌更适合我。

□1 □2 □3 □4 □5 □6 □7

26. 使用这个品牌符合我的身份。

□1 □2 □3 □4 □5 □6 □7

27. 为了一直使用这个品牌，我愿意做出一个小小的牺牲。

□1 □2 □3 □4 □5 □6 □7

28. 我认为自己应该使用这个品牌的产品。

□1 □2 □3 □4 □5 □6 □7

29. 我会关注这个品牌的新情况。

☐1 ☐2 ☐3 ☐4 ☐5 ☐6 ☐7

30. 看到这个品牌我会感到亲切。

☐1 ☐2 ☐3 ☐4 ☐5 ☐6 ☐7

31. 使用这个品牌会让我感到满足，具有幸福感。

☐1 ☐2 ☐3 ☐4 ☐5 ☐6 ☐7

32. 消费此产品让我感到超值。

☐1 ☐2 ☐3 ☐4 ☐5 ☐6 ☐7

33. 消费此产品为我的生活带来幸福的感受。

☐1 ☐2 ☐3 ☐4 ☐5 ☐6 ☐7

34. 消费此产品我感到非常享受。

☐1 ☐2 ☐3 ☐4 ☐5 ☐6 ☐7

35. 我使用此产品有归属感。

☐1 ☐2 ☐3 ☐4 ☐5 ☐6 ☐7

36. 我对此产品有情感依附。

☐1 ☐2 ☐3 ☐4 ☐5 ☐6 ☐7

37. 我使用此品牌会收获快乐体验。

☐1 ☐2 ☐3 ☐4 ☐5 ☐6 ☐7

38. 使用此品牌我不会感到厌烦。

☐1 ☐2 ☐3 ☐4 ☐5 ☐6 ☐7

39. 我把此企业当作自己的企业。

☐1 ☐2 ☐3 ☐4 ☐5 ☐6 ☐7

40. 我不会因为别的原因停止使用该品牌。

☐1 ☐2 ☐3 ☐4 ☐5 ☐6 ☐7

41. 我可能考虑购买该品牌产品。

☐1 ☐2 ☐3 ☐4 ☐5 ☐6 ☐7

42. 我可能优先考虑购买该品牌产品。

☐1 ☐2 ☐3 ☐4 ☐5 ☐6 ☐7

43. 该品牌是智慧和力量等的某种象征。

☐1 ☐2 ☐3 ☐4 ☐5 ☐6 ☐7

44. 该品牌是社会地位的象征。

☐1 ☐2 ☐3 ☐4 ☐5 ☐6 ☐7

45. 使用该品牌是我的一种生活方式。

☐1 ☐2 ☐3 ☐4 ☐5 ☐6 ☐7

46. 拥有该品牌是我的荣耀。

☐1 ☐2 ☐3 ☐4 ☐5 ☐6 ☐7

47. 我对该品牌充满了敬畏之心。

☐1 ☐2 ☐3 ☐4 ☐5 ☐6 ☐7

48. 我唯恐会失去这个品牌。

☐1 ☐2 ☐3 ☐4 ☐5 ☐6 ☐7

49. 我会收藏该品牌的产品、纪念品。

☐1 ☐2 ☐3 ☐4 ☐5 ☐6 ☐7

50. 我会组织活动向人们展示我的品牌，与人分享。

☐1 ☐2 ☐3 ☐4 ☐5 ☐6 ☐7

51. 品牌有庆典的时候我会一起庆祝。

☐1 ☐2 ☐3 ☐4 ☐5 ☐6 ☐7

52. 为了得到该品牌我会不计较花多少时间、精力和金钱。

☐1 ☐2 ☐3 ☐4 ☐5 ☐6 ☐7

53. 在购买该品牌时我感觉一切都在自己的掌握之中。

□1　□2　□3　□4　□5　□6　□7

54. 在购买之前我感到很兴奋。

□1　□2　□3　□4　□5　□6　□7

55. 在购买之前我通常会对自己的选择感到自信。

□1　□2　□3　□4　□5　□6　□7

56. 在购买该品牌时我很难被其他品牌的促销广告影响。

□1　□2　□3　□4　□5　□6　□7

57. 在购买该产品的过程中，对选择的顾虑不会影响我对该品牌的专一程度。

□1　□2　□3　□4　□5　□6　□7

58. 在购买过程中我不会感到十分疲惫。

□1　□2　□3　□4　□5　□6　□7

59. 在购买之后我会出现自己做的非常正确的念头。

□1　□2　□3　□4　□5　□6　□7

60. 我认为自己有良好的鉴别品牌的能力。

□1　□2　□3　□4　□5　□6　□7

61. 我相信该品牌是最好的选择。

□1　□2　□3　□4　□5　□6　□

62. 即使有人质疑该品牌，我会在众人面前辩驳他。

□1　□2　□3　□4　□5　□6　□7

63. 我能在众人面前描述该品牌的优点。

□1　□2　□3　□4　□5　□6　□7

64. 我能完全理解该产品的参数，并能和同伴讨论。

□1　□2　□3　□4　□5　□6　□7

65. 对该品牌有任何疑问，我愿意寻求帮助。

□1　□2　□3　□4　□5　□6　□7

感谢您的配合，祝您生活愉快！

图书在版编目（CIP）数据

品牌时尚化：中国老字号的传承与创新 / 田超杰，
张会锋著 . -- 北京：社会科学文献出版社，2023.9（2024.8 重印）
ISBN 978-7-5228-2150-4

Ⅰ.①品…　Ⅱ.①田…②张…　Ⅲ.①老字号 - 品牌
管理 - 研究 - 中国　Ⅳ.①F279.24

中国国家版本馆 CIP 数据核字（2023）第 134103 号

品牌时尚化：中国老字号的传承与创新

著　　者 / 田超杰　张会锋

出 版 人 / 冀祥德
责任编辑 / 张建中
文稿编辑 / 朱　月
责任印制 / 王京美

出　　版 / 社会科学文献出版社 · 文化传媒分社（010）59367004
　　　　　 地址：北京市北三环中路甲 29 号院华龙大厦　邮编：100029
　　　　　 网址：www.ssap.com.cn
发　　行 / 社会科学文献出版社（010）59367028
印　　装 / 唐山玺诚印务有限公司

规　　格 / 开本：787mm × 1092mm　1/16
　　　　　 印 张：17　字 数：193 千字
版　　次 / 2023 年 9 月第 1 版　2024 年 8 月第 2 次印刷
书　　号 / ISBN 978-7-5228-2150-4
定　　价 / 89.00 元

读者服务电话：4008918866